時間割から子どもと一緒につくることにしてみた。

山田剛輔
（茅ヶ崎市立香川小学校）
久保寺節子・佐伯胖

学事出版

第1章【実践3】教室表示プロジェクトより

CONTENTS

序章 通知表をなくした小学校で、私が目指す「評価の理念」と「実践の理論」　山田剛輔 …… 006

1 通知表をなくしたことは、学校の教育を問い直すきっかけ／2 評価観のパラダイム転換／3 授業観のパラダイム転換

第1章 時間割に捉われない授業の実際　山田剛輔 …… 024

【実践1】「子どもとつくる時間割」を生み出す探究・協同のサイクル …… 024

子どもの声を聴いて応えることから、時間割づくりは始まる／教師が子どもの微細な反応や姿を感じ取り、柔軟に活動を変更する／「子どもとつくる時間割」を生み出す探究・協同のサイクル

column 学習指導要領の目標と内容を満たすことはできるのか？ …… 045

【実践2】アサガオを育てる …… 046

2年生からもらったアサガオの種をどうするかは、子どもが決める／アサガオ栽培の始まりと言葉（文字）の学びの始まり／2年生に手紙を渡す段取りを自分達で行う／子どもの表現をどのように見取ってかかわる言葉で伝えるか（評価）／どうしたら元気よく育つかな〜子どもの感性と感覚を拓いていく〜／わからないときは、人を頼る でも自分で判断する／やりたいことに授業時間も休み時間も関係ない それが遊び（＝学び）

【実践3】教室表示プロジェクト …… 060

今をよりよく生きる中で生まれる学び／教室表示プロジェクトの始まりが、ひらがな学習の始まり／個別最適な学びと評価のまなざし／子どもの気づきが、ひらがな学習を「やりたい！」へ／学ぶことは学校の時間だけでは終わらない 夏休みにも続く／教室表示プロジェクトで数を学ぶ／ついに教室表示が完成／完成した教室表示はどうするの？／教室表示プロジェクトで、子どもの学力を考える／活動の意味がわかるとき

【実践4】香川水族館 ……086

絵だけではない表現 多様な参加の仕方を認める／子どもは自分の知識や経験をフル動員して学んでいる／子どもの「やりたい」は、人とのあたたかなかかわりに支えられている／子どもは自分の思いを実現するのがたのしくて仕方がない／保護者の学習参加が子どもにとって何よりの励み／子どもの「やりたい！」が実現する発表会は、やったほうがよい／子どもが香川水族館で学んだことは何か

【実践5】カタカナ学習「あいうえほん・アイウエホン」 ……098

教師の「どんなたのしいことをしようかな？」が教材との出会いを生む／子どもはすぐに本質を捉える／子どもの発想にないものは、提案してみる／カタカナ学習に取り組んだ意味がわかるとき

【実践6】虫の博物館 ……105

協同による活動の積み重ねが、クラス全体のうねりとなる／感じ取り支え合う関係が生まれるとき／教師を介さなくてもやりたくなったらやればいい／博物館をやるから虫とのかかわりが深まる／協同的に学ぶことで、はぐくまれるもの

【実践7】子どもとつくる運動会 ……115

運動会は、子どもの成長のために／子どもとつくる運動会への挑戦

【実践8】腐葉土プロジェクト ……122

子どもをいざなう やってみる／学び方が学ばれている／完成した腐葉土をどうしたいか、自分で決める／学年が変わっても学びは続く／現実の世界は、実に厳しい／本当のリアルとは 地域の活動に参加することの可能性／腐葉土づくりでの学びはどこにあるのだろう？

【実践9】子どもの感性を拓く「氷のアート」 ……134

【実践10】幼稚園交流から見える「教師の実践知」 ……139

本物との出会いから学習活動が始まる／授業の号令は、いらない！ 本物との出会いが子どものやる気を誘発する／話を聞くことの意味を問う／本物は、子どもの「やりたい！」を誘発する／授業中の児童指導をどうしていくか／子どもは、教師の想定を超える／ゆるやかに授業の方向性を軌道修正する／関係性の中で、自分の考えを自己調整したり、認められたりして学ぶ／子どもの声からスタート期に必要な教育内容を考える／子どもの中に入り込んでかかわり、授業展開を構想する／話を聴くときの教師の立ち位置／授業は混沌で終える 〜学びに向かい続けていくには〜／子どもの学びはつながる 学ぶ意味を実感する

【実践11】人とのかかわりをコーディネートする ……… 158

みんなでたのしい学校（コミュニティ）をつくる／場の環境が、どのような子どものかかわりを生み出すのか／環境としての教師には、どのような役割があるのか／学年交流は、子どもに何をもたらすのか

【実践12】子どもに身につけさせたい学習習慣とは
〜宿題を問う〜 ……… 168

子どもは、本来、「知りたがりで、やりたがり」／計算プリントの宿題は、必要？／家庭でやってきたことが授業で活かされるってうれしい！

【実践13】子どもの「やりたくない！」をどう乗り越えるのか ……… 181

子どもが「やりたくない！」を出せるクラス／「やりたくない！」気持ちを共感的に受け入れ、かかわり続ける／子どもの姿への解釈を保留して長期的なまなざしでみる／そもそも、子どもがやりたくなる環境かどうかを問う／子どもに応じて場の設定やルール等を変える／かかわり続けることの大切さ

第2章 1年5組の山田実践から架け橋期における「学びの連続性」を考える　久保寺節子 ……… 196

1「架け橋期」とは／2 幼児期の教育と小学校教育のコワイ「円滑な接続」の姿／3「0〜18歳の学びの連続性」における学びとは／4 山田実践における学びを「学びの＜ドーナツ理論＞」から考える／5 山田実践へつながる幼児教育の学び／6「0〜18歳の学びの連続性」から生涯にわたっての学びへ

第3章 「子どもを人間としてみる」教育へ向けて　佐伯胖 ……… 224

1 子どもを「教える対象」としてみてきたこと／2 子どもは「自ら育とうとしている」とはどういうことか／3 子どもを一人の「社会人」（社会に開かれた人）としてみるということ

あとがき ……… 236

序章

通知表をなくした小学校で、私が目指す「評価の理念」と「実践の理論」

山田剛輔

1 通知表をなくしたことは、学校の教育を問い直すきっかけ

　私が勤務している神奈川県茅ヶ崎市立香川小学校は、どこにでもある一般的な公立小学校の1つです。特徴をあげるとすると、児童数1000人ほどのマンモス校という点だけです。通知表をなくしたことで、その名を知られることになりましたが、通知表をなくす議論をする前から、子どもに直接還元される仕事に力を注いでいけるように、事務仕事を削ってスリム化させる議論を行いました。

　また、子ども達の多様なかかわりによる学びを生み出すために、1年生と6年生の教室を交互に配置する議論を何度も行い、現在は「1年生と6年生」「2年生と5年生」の教室が交互に配置され、縦割りの交流が自然に生み出されています。

　そうした流れの中で、2020年度の新学習指導要領全面実施（小学校）を踏まえて、通知表の内容を検討していくときに、これまで当たり前のように作成していた通知表が、「本当に子どものためになっているのだろうか」「保護者が学校での子どもの姿を具体的に捉え、励まして支えるツールの1つとして意味のあるものとなっているのだろうか」等を問い直すことから学校改革が始まりました。

　何度も話し合いを重ねた結果、「通知表ではない形で、評価を伝える」という結論に至りました。通知表をなくすに至った経緯の詳細は、小田智博・國分一哉・藤本和久編著『通知表をやめた。茅ヶ崎市立香川小学校の1000日』（日本標準、2023年）をご覧ください。

序章

通知表をなくした小学校で、私が目指す「評価の理念」と「実践の理論」

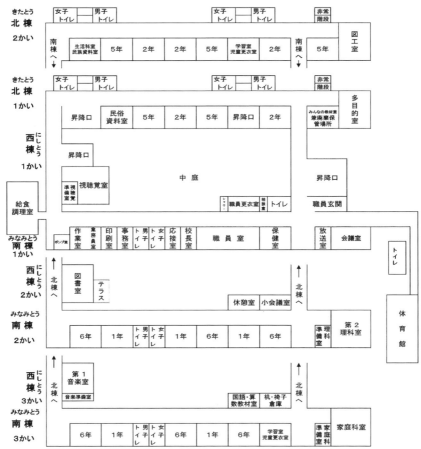

2022年度　香川小学校　教室配置図（一部）

　通知表をやめてから4年目となる今（2024年度）もなお、教職員全員で何度も話し合いながら、歩みを進めているところです。ただし公立学校であるため、教職員の異動があります。毎年、新しいメンバーを含めた全員で、通知表をなくすまでの経緯やこれまでの取り組みの成果と課題を共有して対話を重ねています。一人ひとりがよりよい学校をつくる当事者なのだという意識をもてるようにすることが学校改革のカギとなるからです。しかし、本校は教職員の人数も多く、「こんな学校にして

いきたい」「子どもにとってこんな場（環境）にしていきたい」というヴィジョンを全会一致で１つにまとめて共有するのは、容易なことではありません。当然、話し合いの中では、これまでの慣例をもとにした一般論も出てきます。「私が」と語るより、「世間一般には」と言ったほうが、楽ですし、説得力があるようにも思えてしまいます。しかし、大事なのは、「私（一人ひとりの教師）が子どもの学びと育ちを考えたときに、どういう授業と評価が効果的だと考えるのか」を、専門性をもって語ることだと考えています。

　そうは言っても、一人ひとりの教師が教育活動をしていく核となる理念や教育観、価値観を自分の言葉で表現していくときには、他者と意見が対立する場合もあるため、とても勇気のいることです。また、話し合うのには、膨大な時間と労力がかかります。これまで通りに淡々と仕事をこなしていくほうが、精神的にも肉体的にも楽です。それでも、評価の改革を推進するのは、小手先の評価の伝え方だけではなく、教育の在り方そのもの（教育観、学力観、授業観、評価観等）を問い直すことにつながるからです。

　ですから、まず、私自身が授業実践を通して変わっていかなくてはならないと考えました。では、私は通知表をなくした小学校で、どのような理念のもと、実践をしているのでしょう。

　序章では、評価論を皮切りに、本書の実践全体に通ずる根源となる理念をお伝えしていくことにします。

2　評価観のパラダイム転換

▷▶通知表にありがちな評価　～従来の評価の落とし穴～

　一般的に、客観性、妥当性、信頼性の高い評価のツールとして、ペー

序章
通知表をなくした小学校で、私が目指す
「評価の理念」と「実践の理論」

パーテスト（業者テスト）の点数を根拠にして成績を付ける小学校が、未だに多いと感じています。また、私の経験では、通知表があることで、より一層、この仕組みから抜け出すことが難しい状況にあると感じています。多くの学校に校務支援システムが導入され、点数を入力すると自動的に成績が付く仕組みが採用されています。教師としては、ペーパーテストをやって点数を入力すれば成績がつくのですから、働き方改革として業務が大幅に削減されることになります。

　しかし、それは、「子どものため」ではなく、「教師が説明責任を果たす材料を集めるため」の授業と評価になってしまう可能性が大いにあります。内容を充分に吟味することなく使用する業者テストは、成績のためのエビデンス集めとなり、学期末になると、突然、ペーパーテストばかり行う授業が増えてしまうのは、教師の誰もが経験していることなのではないでしょうか。

　かくいう私も、恥ずかしながら、過去にその経験があります。そうなると、必然的に主に知識を問うペーパーテストができることを目指した「教える授業」となり、子どもが真に学ぶこととは程遠いものとなってしまいます。子どもにとっても、テストでよい点数を取ることやよい成績を取ることが目的となってしまい、学ぶことそのものの意味を問うことなく、教師が課す反復練習のプリントを作業としてこなすだけになってしまいます。また、基本的には教科書に準じたペーパーテストであるため、すべての単元を網羅して1から10まできっちりと指導したかどうかが目的となってしまい、より一層「教える授業」になってしまいます。多くの教師は、そのような授業になってはいけないと、日々の授業を工夫して行っていると思います。しかし、最終的に子どもの学力を測る評価の出口が変わっていなければ、たとえ、授業を工夫して実践していても、テストと成績があるせいで、授業での学びが台無しになってしまう

9

可能性があります。つまり、授業でよりよい学びを実現していたとしても、結局、テストができたかできないかが大事であると、子どもは誤って理解して、学ぶことの意味やたのしさを見失ってしまう可能性があるのです。

　茅ヶ崎市は、２学期制であるため、通知表がある場合、半年に１回、結果としての観点別３段階評価（ＡＢＣ）や総括的な評価の評定（１２３）（以降、これらを評価評定と表記）が、子どもと保護者に一方的に通知されます。最近は、働き方改革として総合所見をなくす学校が増えてきているようですが、各教科の観点が示されて、評価評定が示されることでわかることは何でしょうか。せいぜい、「Ａがついていたら、よくできる」「Ｃがついていたら、頑張らないといけない」ということしか、わからないのではないでしょうか。各教科の評価評定を示しただけでは、子どもも保護者も、具体的に「どんな頑張りがあって、どのように伸びたのか」「どのような持ち味を発揮して活動に取り組んでいたのか」等は、とても見えづらいものです。総合所見がなくなれば、なおのことです。一般的には、すべての単元の評価を平均化して観点別３段階評価が算出されるため、ある一時点でのある単元の評価が、評価評定に大きく影響することになります。ですから、子ども達には、常に緊張と不安がつきまといます。例えば、成績が全単元のテストの点数を平均化して出されるのだとしたら、一度失敗して点数が悪かったら、そのあとは、「よい点数を取り続けないとよい成績にはならない」というプレッシャーの中で日々を過ごすことが考えられます。

　通知表の課題は、それだけではありません。学習している内容は、学年や学期によって変わっているため、単純に以前と比較することはできないにも関わらず、前と比べて通知表のＡの数が増えたか減ったかを数えたり、誰かと比べて優劣をつけたりして、一喜一憂する子どもの姿を目にすることがあります。

序章

通知表をなくした小学校で、私が目指す
「評価の理念」と「実践の理論」

　では、こうした「通知表にありがちな評価」ではない評価にしていく
ために、私は評価についてどのように考えているのでしょう。

▷▶ 一人の人間として共感的にかかわる日常的な評価（＝形成的評価）

　「通知表がない＝評価をしない」と、誤解されることがよくあります。
むしろ逆で、子どもの学びを保障するために学習と評価の在り方を問い
直し、評価について、これまで以上に誠実に向き合って実践を積み重ね
ています。評価について学ぶほどに、これまでの学習と評価を問い直し
て、評価観のパラダイム転換をしなくてはならないと感じています。

　香川小学校では、日常的に子どもの姿をつぶさに見取って、結果だけ
ではなくプロセスを伝える形成的な評価を大事にしています。通知表が
あったときも、なくなった今も、普段の授業で子どもに対して「あなた
はＡ」「あなたはＣ」という評価を直接伝える教師はいないのではない
でしょうか。そんなことよりも、教師が子どもと共感的にかかわり、一
人の人間として子どもと共にあり、純粋に湧き起こってきた言葉を伝え
ることのほうが、はるかに子どもの成長に寄与します。これは私の実践の中
では「評価する」ということですが、従来の評価観とは異なります。従来
の評価観では、日常的に口にする「立派」「偉い」「○○できて素晴らしい」
などの評価は、教師の意図と価値基準を満たしているかどうかによる評価
となり、暗黙のうちに教師に忖度する子どもを生み出す可能性があります。

　日常的に学習の様子を伝えるという意味では、ポートフォリオを活用
しています。学習の成果物をファイリングして、その都度、家庭に持ち
帰って保護者に見てもらいます。成果物には、子どもの励みとなるよう
なコメントを書くように努力しています。評価のまなざしによる言葉で
はなく、教師が一人の人間として、感じたことや考えたこと、伝えたい
と思ったこと等を書くようにしています。詳細は、【実践２】アサガオ

を育てる（P.46）をご参照ください。

　子どもの姿をつぶさに見取って（評価して）、伸ばしていったほうがよいことや支援が必要だと考えられることは、教師自身が自分の授業を改善して、学習活動を通して、それぞれの子が乗り越えていけるようにアプローチしていけばよいのです。それが本来の意味での評価だと考えています（＊評価は子どもの能力を測定するものではないということ）。

　ここまでお話ししてきたことをもとにして、「私が考える通知表にありがちな評価」と「通知表のない評価で、私が目指すもの」を表に整理すると、次のようになります。

	通知表にありがちな評価	通知表のない評価で目指すもの
評定することの意味	・総括的評価（平均化して算出） ・評定（ABC や123）＝評価	・形成的評価を大事にする ・評定≠評価
	・教師からの評定によって、子ども同士の優劣のラベリングが生じる	・教師の評定がなくても、子ども同士が互いのよさを認め合う
	・成績の評価（ABC）の数を比べる子ども ・誰かと比べる ・具体的な内容は問われない	・自分の学習を自己調整する子ども ・自分が設定した目標に向けて、どうであったか、メタ認知する ・内容こそ問われる
	・教師が各教科観点別に評価 ・具体的に何がわかっていて、何がわかっていないのか、見えづらい	・日常的に言葉で伝える ・成果物にその子の頑張りや伸び、よさをコメントで書いて、個別具体的に認める
	・テストの点数が重視される	・わかっているかが重視される ・自分の学んだことが、自分や誰かの役に立っているかが重視される
	・単元別に区切られた一時点（短期的）での評価が成績に大きく影響する	・短期的なまなざしだけでなく、長期的なまなざしでみる
	・年間の評定を平均化して成績がつけられる ・自動化システム＝子どもの姿を考えない	・重点単元を設定して、年間を通して年度末の学習状況を評価して指導要録に記載する
	・規準により、「できる・できない」「上手い・下手」が明確になる	・「できる・できない」「上手い・下手」以上の価値を大事にする

	・所見は、学期末に総括して書くため、文字数制限により抽象的な言葉になりがち＝誰にでも当てはまる言葉＝伝わりにくい	・学ぶプロセスやそのよさを成果物に具体的に書いて伝える（＝評価） ・具体的な言葉で、子どもと保護者に伝わりやすい
	・学期末に、絶対評価と言いつつも、相対的に評定の人数が調整される	・日常的に、単元ごとに「子どもの学びをどんな成果物で可視化するのか」を学年で共有する
伝える頻度	・学期末の年2回（2学期制） ・一方的に結果のみ通知	・日常的に何度も ・プロセスを対話的に通知（コメント、電話、三者面談等）
評価と授業の関係	・教師が成績のエビデンス集めをするための授業と評価 ・エビデンス集めのテスト用の授業	・子どもの学びが表現された成果物を吟味した授業と評価
	・テスト・成績のための授業 ・教科書中心の履修主義・教え主義	・今、学ぶことがたのしい授業 ・自分や誰かの役に立つ授業（文化的実践と結びつく授業）・学び主義
子どもの自己評価	・学期末にまとめて実施される自己評価	・日常の学習活動に埋め込まれた自己評価 ・教師が子どもの認識を知り、よさを見つけたり、指導の改善に役立てたりするための子どもの自己評価
説明責任の捉え	・行政の市民に対するサービスとしての説明責任（Accountability）	・子どもの学ぶ権利に応える応答責任（Responsibility）＝子どもの学びの姿を語る
事務作業	・誤記載防止チェック作業 ➡子どもに直接環元されない徒労感	・日々の授業と評価 ➡やりがい
教師と子どもの在り方	・評価を下す立場としての教師 ・教師の意図に忖度する子ども	・子どもと共にある一人の人間としての教師（＝わたし） ・教師や保護者と共に、主体的にたのしく学ぶ子ども
保護者	・保護者にとって子どもの姿が見えにくい	・保護者も子どもの学びに参加して、子どもの姿・よさが見えやすい

▷▶ どのように、保護者に評価を伝えているのか

　香川小学校では、総括的な評価としての評定（１２３）ではなく、形

成的評価として「できるだけ日常的に」を合言葉に子どもの様子を保護者に伝える努力をしています。通知表の代わりを準備するという発想はせず、日々の学校での様子を伝えて、家庭でも子どもとのかかわりを大事にしていってもらえるようにしています。具体的にどのように伝えているのか、例をあげて説明したいと思います。

　1年生国語科「はなのみち」(光村図書)を学習していたときのことです。場面ごとに挿絵に色をぬったり、吹き出しで動物たちの言葉を書いたりする活動を行っていました。ひらがな学習が完全に終わっていない段階だったので、吹き出しにセリフを書くことは、あまり求めていませんでした。イメージを広げて書くことができるよう、全体交流をして出てきた言葉を板書して、個人で書く作業をしました。ある子は、しばらくの間、じっとしたまま何も書けずにいました。私は、「どうしたの？　さっき、他の人から出てきたことが黒板に書いてあるけど、○○さんと同じように考えているのはあるかな？」と言って、黒板の中から選んで書けるようにサポートしました。

　しかし、その子は、私が机間巡視している間、じっくりと考え、ある瞬間から鉛筆を動かして書いている様子が見られました。書き終わったのを確認してから、吹き出しに書かれた言葉を見てみると、これまでクラスの子達から出てきた言葉ではない、その子なりの言葉でセリフが表現されていました。目標に準拠した評価でいうと、「到達している(＝B)」の一言で終わりですが、これだけ時間をかけ、物語の世界と対話しながら、自分なりの言葉を紡ぎ出して書いているのは、とても学び上手で、素敵なことです。この子が学びに対して誠実であることが何よりも価値のあることだと私は考えています。目標に到達したかどうかも大事かもしれませんが、それ以上に、その子なりの学びのプロセスにこそ価値があり、それを大事にしたいと考えています。

序章

通知表をなくした小学校で、私が目指す
「評価の理念」と「実践の理論」

　私は、その子に「他の人たちから出てきてない言葉だね。そうか、動
物さんはそんな風にお話をしていたんだね。じっくりと時間をかけて、
自分の言葉で書いたんだね」と伝えました。その子は、にっこりと微笑
んでくれました。

　こうした子どもの学びのプロセスの中で表れるよさを、私の感動と共
にエピソードで保護者に伝えていけるようにしています。

▷▶ ラーニング・コミュニティとしての学校

　私は、子どもの健やかな成長を学校・保護者・地域で共に願い、支え、
学び合っていく「ラーニング・コミュニティとしての学校」を目指して
います。その1つとして、香川小学校では、授業参観を「子どもを共に
育てる」「子どもと共に、教師と保護者も育つ」という意味で「共育参観」
として、保護者に学習参加してもらえるように変えていきました。第三
者的な評価のまなざしで学校（教師）と子どもをみるのではなく、子ど
もを支える一人の大人として、学習活動に参加してもらえるように授業
をしかけています。

　例えば、1年生算数科「なんばんめ」の実践をしていたときのことで
す。5つの紙コップに2つのサイコロを入れ、どこに入っているのかを
当てるゲームを行いました。私が紙コップをシャッフルしてから、サイ
コロがどこにあるのかを問うと、子ども達は「あそこ」と指をさしたり、
「右から少しこっち」と言ったりします。私が、わざとふざけて別の紙
コップを指さしたり、「右から少しこっちっていうのは、ここ？」と逆
の方向を指さしたりすると、子ども達から自然と「右（左）から何番目」
が出てきます。「あぁ、なるほど、そう言ってもらえたらよくわかるな」
と言って、紙コップの中を開けていきます。

　サイコロが入っていた場所を当てた人は、2つのサイコロをふって、

15

その和を求めて正解したら1ポイントとなります。一通りやり方を説明したあと、グループごとに活動を始めます。その際、共育参観で来ていた保護者に各グループに入ってもらい、ディーラー役をしてもらいます。子どもも保護者も、たのしみながら、かかわっている姿が見られました。第三者的に見るのと、当事者として一緒に参加するのとでは、子どもの見え方も異なってきます。こうした活動を通して、保護者に「共に子どもを育てていきましょう」というメッセージを伝えることがとても大切です。

　授業後、ある子が「算数のお勉強は、やらないの?」と質問をしてきました。「さっきの紙コップのゲームが、算数のお勉強だよ」と伝えると、子どもは「えっ!」と驚いていました。子どもが勉強だと意識しなくとも、活動の中に学習が組み込まれていることが理想的だと私は考えています。そうした経験を子どもと保護者が一緒に味わうことで、「いわゆるお勉強」の意識を少しでもなくしていけたらと考えています。そういう意味で「共育参観」は、取り組み方によっては、とても意義深いものとなっていきます。保護者に参加してもらうことで、活動を通して、授業観や評価観を伝えたときに、実感を伴って理解してもらうことにつながるのです。

▷▶ できるだけ毎日「Google Classroom」で子どもの姿を伝える

　日常的に子どもの学習状況を伝えるという意味では、茅ヶ崎市がGIGAスクール構想で導入している「Google Classroom」を活用しています。詳細は、【実践1】「子どもとつくる時間割」を生み出す探究・協同のサイクル（P.24）で後述しますが、私は毎日、クラスの子ども達の学習と生活の様子を写真に撮り、そのときの様子や教師の見取りや考えを文章で書いて情報発信しています。保護者からは「子どもの様子が

わかって、とても有難いです。」と大好評です。

　子ども達には、毎日、学校の出来事をお家の人に話すよう伝えますが、子どもによっては自分で話すことが難しいこともあります。写真と文章があることで、保護者がおおよそのことを理解して質問したり、子どもが写真を手掛かりに記憶を想起して話したりすることにつながります。「Google Classroom」は、基本的にはクラス全体の様子を載せるため、個別の子どもの学習と生活の様子についての教師の見取りは伝わりにくいところがあります。しかし、毎日子どもと保護者が学校生活の様子を家庭で話すことで、子どもにとってはメタ認知する力が高まっていったり、保護者にとっては学校での様子がわかって安心することにつながっていったりします。そして、学習の状況についても、子どもの語りからおおよそ理解することができます。

　学校全体のアンケートや学校説明会の折に、保護者から「我が子がクラス全体の中のどのあたりなのかを知りたい」というお話が出てくることがあります。現在は相対評価ではなく目標に準拠した評価であることを説明します。また、子ども自身は、評定を下されて他者と比べなくとも、授業の中で他者を認めながら自己をモニターしていることを伝えます。それに付け加え、私は、子ども達の成果物を PDF にして、「Google Classroom」に載せるようにしています。他の子と比べる必要は全くありませんが、クラスの子ども達の多様な表現を知ることで、我が子のよさが再発見されることを期待しているからです。

▷▶ 社会に出たときの評価と学校教育の評価

　将来、社会に出れば、評価はつきまといます。評価を完全に数値化している会社もあれば、全く数値化しない会社もあります（NHK 首都圏情報ネタドリ！人生が豊かに？！変わる「評価」2023 年 3 月 24 日放送より）。ど

ちらの会社にも共通して言えるのは、自分が仕事として行っている活動が、リアルな世界（社会）の役に立っているということです。そして、評価が数値化されていても、されていなくても、何をどのように取り組んできたことがよかったのか、何をどのように改善していけばよいのか等を評価者と被評価者が対話しながら具体的な共通認識をもって、次への一歩を踏み出していきます。

　一方、学校教育の勉強と評価は、どうでしょう。勉強は、将来のためと言われながら、今、自分が生きるリアルな生活の場に役立てる意識はほとんどありません。「どうして、この学習をしているのか」、学ぶ意味を問うことなく、ペーパーテストで学習内容が身に付いているかが測られます。つまり、「できたか、できなかったか」という個人の能力だけに焦点が当てられ、仲間と協同的に探究したり、自分の生活の場に役立てたりすることによる学びが問われることがほとんどないのです。

　さらに、通知表の評定は、教師からの一方的な結果の通知であり、その数値を見ただけでは、具体的に何がよくて、何をどのように改善していけばよいのかがわかりません。そもそも、リアルな生活の場に役立てることのない勉強を改善していく意味が、子ども達には実感できないのではないでしょうか。

　香川小学校の評価改革は、通知表という出口をなくしてゴールフリーにしただけではありません。また、保護者への伝え方を工夫しているだけでもありません。評価について考えるということは、小学校での学びの在り方そのものを問うことにつながっているのです。では、私は、どのように授業を変えていっているのでしょう。

序章
通知表をなくした小学校で、私が目指す
「評価の理念」と「実践の理論」

3　授業観のパラダイム転換

　教師が子どもへのまなざしとかかわりの質を高めていくことは大切です。しかし、教科書（指導書）で計画された通りに授業が展開され、学ぶ意味を問うことなく、できることだけが目指され、誰かが設定した目標に到達したかどうかという評価評定のまなざしに常にさらされ、教師の求めに応じる授業をしていては、何のために学校で学んでいるのかわかりません。教師が共感的にかかわっていたとしても、できた喜びは分かち合えたとしても、それが「自分が今をよりよく生きること」には、つながっていきません。「ペーパーテストができた」「成果物が完成した」、ただそれだけです。目標に準拠した評価に到達して、仮に「できた」としても、それが自分にとってどのような意味があったのか、何でそれをやっているのか、誰かの役に立つことに寄与したのかが問われることは、ほとんどありません。成績があれば、なおさらその影響は強くなります。通知表をなくしたとしても、誰かに評定を説明するための証拠を準備するとなると、同様のことが言えます。

　子どもは、本来、心と魂の世界に生き、感じるままに生きています。教科の学習は、世界の「ひと・もの・こと」の見え方を豊かにして、子どもの感性や感覚、直感を拓いて、よりよく生きるために営まれるものであるはずです。しかし、本来はそうであるはずが、教科の学習をすればするほどに、子どもは、自分が生きることとつながらない「他人事」のように、授業での学習内容を外付けハードディスクにインプットしていくような形になってしまいます。子どもは「学ぶということは、自分や他者の役に立っているかどうかを問わずに、誰かが設定した目標を達成するために、反復練習をしてプリントができればいいのだ」と、誤った学びをしてしまう可能性があります。そうした経験をしていくと、よ

り一層、考えない子どもがはぐくまれてしまいます。自分が生きること
と関わらない「お勉強」は、子どもに虚無感と徒労感を与え、学校への
不適応を起こす原因にもなると考えられます。学力を高めようと躍起に
なって「教える授業」をした結果、授業がつまらなくなって嫌になるの
は、そうした学校文化に責任があるのではないかと、自責の念を込めて
感じています。

　だから、私は、何とか小学校での学びの在り方を自分から変えてみよ
うと、自分にできそうなことからチャレンジしています。このような理
念をもつようになったのは、教育について学んでいく中で、子どもの学
びと育ちの根源となっているのが、「幼児期の学びと育ち」にあると、
気づいたことがきっかけです。

▷▶ コミュニティへの参加による学びへ　〜幼児教育に学ぶ〜

　私は、2005 年に小学校教員となり、7 年目のときに 1 度、1 年生の
担任を経験しました。2022 年度に 1 年生を担任したのは、それ以来で
すから、実に 10 年ぶりでした。幼児期の教育に関心があり、ずっとや
りたかった 1 年生担任でした。それは、人が学ぶことの根源に、「幼児
期の学びと育ち（＝遊び）」があると考えていたからです。

　幼児教育では「ひと・もの・こと」の環境とのかかわりの中で、遊び
を通して学び育つことが大事にされています。主体的に対象にかかわっ
て遊ぶ中で、「10 の姿」（文部科学省「幼稚園教育要領解説」（第 1 章第 2 節
幼稚園教育において育みたい資質・能力及び「幼児期の終わりまでに育ってほしい
姿」）平成 30 年）が顕在化されることが期待されます。そこで子どもが
かかわる対象は、「ホンモノ」であり、子どもが学ぶことの意味を自覚
せずとも、遊ぶ中で学びが存在しているのだと考えられます。

　一方、小学校ではどうでしょうか。授業で子ども達が出会う「ひと・

序章

通知表をなくした小学校で、私が目指す
「評価の理念」と「実践の理論」

もの・こと」は、ほとんど教師が準備したもので、授業内容は、学問と
しては本物の内容かもしれませんが、子ども自身が生きることそのもの
につながっていないという意味で、「ニセモノ」だとも言えます。小学
校では、学習指導要領の目標と内容、教科書がある中で、いかにして、
幼児教育のように「ホンモノ」の環境を準備していけるかが問われます。
私の考える「ホンモノ」は、子どもが生きる文脈上にある「リアル」な
状況での学びです。小学校という「リアル」なコミュニティに参加し、
自分が学んだことが活かされ、学ぶ意味がわかることが、幼児教育でも
大事にされている遊び（＝学び）を、小学校でよりダイナミックに行う
ことにつながると考えています。わいわいする「楽しさ」もあってよい
と思いますが、子どもには「リアル」な状況でコミュニティに参加して
いくことの「愉しさ」を経験してほしいと思っています（＊本書では、「楽
しい＝ funny」と「愉しい＝ interesting ＝探究」の２つの意味を合わせて「たのしい」
と表現することにします）。

　「ホンモノ」の環境では、子どもは、自然と「主体的」「対話的」「協同的」
「活動的」になります。今、教育界では「主体的・対話的で深い学び」
が注目されていますが、深い学びは、単に知識が精緻化・構造化される
というものではなく、自分が生きることそのものにつながるからこそ実
現されるのだと考えています。

　私は、リアルな生活上の文脈に学習内容が埋め込まれていることが理
想的だと考えています。よく「学問を修めることが大切だ」ということ
も聞きますが、中等教育以降であればまだしも、果たして、小学生とい
う発達段階で大切にするべきことは、本当にそこでしょうか。小学校の
学習内容は、身近な生活に落とし込める内容がたくさんあります。自分
が今をたのしく生きることにつながることが、本当の「深い学び」だと
言えます。そこでの学びは、個人で反復練習をして力を高めるというた

ぐいのものではなく、よりよいコミュニティをつくることに主体的に参加して、仲間との協同と対話で、自分なりに参加の仕方を選んで持ち味を生かして活躍していけるような場であると、私は考えています。子どもにとっての身近なコミュニティの1つが学校です。よりよい学校をみんなでつくっていこうとすることが、学ぶ意欲になり、子どもは学ぶ意味がわかります。そして、「やってよかった」「役に立った」等、自分が学んだ意味を実感して、納得、満足することにもつながっていき、次の学びへと向かう力が顕在化されてくるという学びのサイクルが生まれてくることが期待できます。

　とはいえ、小学校のすべての教育活動の中で、リアルな生活上の文脈の中に各教科の学習内容を埋め込んで授業をしていくことは、とても難しいことです。少しでも、そうした授業を試みてみようというのが、本実践です。

▷▶ 幼小接続の観点から意味のあるスタートカリキュラムを考える

　こうした考えから、教師主導で子どもを小学校の文化に適応させることには、ずっと違和感がありました。小1プロブレムは、子どもに原因があるのではなく、小学校の仕組みや文化等に課題があると、私は考えています。私が勤務してきた小学校では、教科書に準拠した各教科の年間指導計画に則って学年ですべての学習予定を立てて、おたよりを作成・配付し、教師が予め計画した通りに授業を行うことが多くありました。小学校の入門期に必要な生活と学習について学年メンバーで話し合って、事前に計画を立てること自体は、とてもよいことです。

　しかし私は、子どもは小学校の文化を知らないだけで、幼児期に主体的にさまざまな環境（ひと・もの・こと）にかかわって遊び、学んできた有能な存在だと思っています。ですから、これまで一般的に言われてき

序章

通知表をなくした小学校で、私が目指す
「評価の理念」と「実践の理論」

た「お行儀よく座って先生の言った通りのことをきちんとできる子がよい子」「学習活動の意味もわからずに、ひたすらに反復練習を作業として行うのがお勉強」「小学校のルールは、先生に言われたことを何も考えずに守ること」「漢字のドリルは勝手に先に進めてやってはいけない」「きっちりと生活と学習の規律を指導するのが低学年教師の力量」等の小学校入門期の生活と学習の考えに疑いをもっていました。

　そうした状況を何とかしようと考え、国立教育政策研究所のスタートカリキュラムを参考にして、合科的・教科横断的に生活と学習の予定をつくり、学年に提案して実施しようとしました。しかし結局、教師が与えたことを子どもが言われた通りにやるという、自分がやりたくないと思っていたことをやることになってしまうのではないかと思いました。スタートカリキュラムを形式的に実施して、生活と学習を構成していっても、段階的に小学校文化に慣れさせていくだけで、子ども達が幼児期に学んできたことを活かして主体的に自分を発揮して生活を創ることにはつながっていかないのではないかと考えたのです。

　そこで、思い切って、時間割に捉われずに子ども達の声に応えて活動をつくっていく取り組みを始めました。【実践1】「子どもとつくる時間割」を生み出す「探究・協同のサイクル」は、本書で紹介する実践の根底にあり、いつも「探究・協同のサイクル」（P.28参照）が複合的・連鎖的に折り重なって実現していっているものです。【実践1】を皮切りに、これまでお話ししてきた理念が、どのような実践となって表れているのかをこれから紹介していくことにします。

23

第1章

時間割に捉われない授業の実際

山田剛輔

【実践1】「子どもとつくる時間割」を生み出す探究・協同のサイクル

▷▶ 子どもの声を聴いて応えることから、時間割づくりは始まる

　幼小接続の観点から意味のあるスタートカリキュラムにしていきたいと考え、子ども達と一緒に時間割をつくる取り組みを始めました。私にとっても、初めてとなる実践です。

　子ども達は、期待と希望を抱いて小学校に入学してきます。子ども達に「小学校でどんなことしたい？」と尋ねると、「勉強したい」「遊びたい」「学校のいろんなところに行ってみたい」等が出てきました。その声を聴いて、「よし、じゃあ、学校探検に行ってみようか！」「遊具で遊ぼうか！」と伝えると、「イェーイ！」と喜びの声があがります。子どもの声を聴いていくと、自然な流れの中で学習活動が生まれてくるのです。ほんの些細な会話ですが、子ども達の声を聴くことから、学習活動は始まっていきます。

　前期は、活動名を黒板に書いておき、それをもとにしながら、毎朝「今日は、どんな楽しいことしようか？」と、子ども達に語りかけながら1日の時間割を決めて、学習活動に取り組んでいきました。後期は、子ども達のやりたい活動が増え、1日の中で調整することが難しくなったため、月曜日の朝に1週間の時間割を子ども達と一緒に話し合いながら決めました。教師が予めすべて準備して一方的に与えなくても、教師が子どもに応えていく心と体をもっていれば、子ども達にとって必要な学びは生まれてくるものも多くあります。

　小学校入門期の例をあげると、入学式の次の日、子ども達は登校すると、

第 1 章
時間割に捉われない授業の実際

「先生、ランドセルはどうしたらいいですか」「トイレに行きたい」等、たくさんの質問が出てきます。香川小学校は1年生と6年生の教室が隣同士になっているため（P.7参照）、6年生に「朝や帰りの支度」「上履き入れや体操服等の物を置く場所」「トイレの場所や使い方」等を教えてもらうことにしました。

1年生に身支度を教える6年生

教師が一斉指導しなくても、子どもの声に応えていくことで、自然と小学校の基本的な生活習慣の学びは始まります。これは、教師が何も準備をしないということではありません。教師が、小学校に入学したばかりの子ども達にとって必要となる生活と学習を予め想定して、「どうしたら、子ども達が他者とかかわりながら主体的に生活をつくっていくことができるのか」を考えます。そして、1年生が6年生とかかわる環境を意図的に設定しているということです。

▷▶ 教師が子どもの微細な反応や姿を感じ取り、柔軟に活動を変更する

子ども達と時間割をつくっていても、必ずその通りに活動が展開されるわけではありません。子ども達と決めた時間割（計画）があっても、その場の子どもの状況や意欲などに応じて、臨機応変に展開を柔軟に変えていくことが大切です。授業の導入で、子ども達を学習内容へと誘ったあとは、その瞬間の子どもの発言や姿を見取って、「（次は、こうする予定だったけど、子ども達がのってきているから、）こうしたらおもしろいんじゃないか」と、子ども達に提案していくことです。子どもの微細な反応や姿を感じ取り、やりたい気持ちを逃さないようにしていくことが教師の専門的力量だと私は考えます。事前に立てた計画は、次の機会に回せばよいのです（【実践3】教室表示プロジェクト P.60 参照）。

25

例えば、栄養士の先生から給食の話をしてもらう授業でのことです。その日の予定は、朝に決めていました。しかし、子ども達は栄養士の話を聞いて、給食が楽しみになり、どうやってつくっているのか気になっている様子がありました。ですから、そのタイミングで、給食場に見学に行って、給食をつくる様子を見たほうが、子ども達のやりたい気持ちがのっていくのではないかと考え、子ども達に「このあと、給食をつくっている様子を見に行ってみる？」と尋ねました。すると、子ども達は「イェーイ！」と大喜びしました。活動へのきっかけが教師からの語りや問いかけ、教材であったとしても、子どもの心を逃さずにつかんで、つなげていくことで、子ども達の対象への主体的なかかわりにつながっていくのです。

　子どもが対象と出会う環境をつくり、子どもの微細な反応を逃さずにキャッチして、ここぞというタイミングで、教師が子どもに「どのようにしていくか」を提案して一緒に活動をつくっていくことは、これからお伝えする授業実践のすべてに共通する大切な考え方です。

　こうした子ども達の姿から学習活動をつくっていくのですが、子どもが「やりたい！」と思う自由の幅は、意外と狭く、教師が意図的にしかけてさまざまな教科の領域と出会わせて、世界の「ひと・もの・こと」の見え方を豊かにしていくことが必要です。

▷▶「子どもとつくる時間割」を生み出す探究・協同のサイクル

　私が子どもと一緒に時間割をつくっていくうえで根底にしているのは、「探究・協同のサイクル」です。ここでの『探究』とは、「探究の中の自由な遊びは真理の追究にはかかせない。しごとのなかに遊び心が入り込んでくるところが、探究の本来の姿」（佐伯胖編著『子どもの遊びを考える』北大路書房、2023年）のように、子どもも教師も保護者も、一緒になって遊び心をもって、「どうしたら面白くなっていくのか」と目論ん

第 1 章

時間割に捉われない授業の実際

でいくこととします。そして、「二人称的なかかわり」（佐伯胖「子どもを「人間としてみる」ということ─ケアリングの３次元モデル」子どもと保育総合研究所編『子どもを「人間としてみる」ということ』ミネルヴァ書房、2013 年）で、子どもと一緒に活動に参加していくことを『協同』と呼ぶことにします。

この「探究・協同のサイクル」を、子ども、教師、保護者が回していくことで、さまざまな活動が生み出され、子どもと一緒に時間割をつくっていくことが可能となります。これは、子ども達が、よりよい学校や地域にしようと、リアルな生活上の文脈で学ぶ学習活動に、教師も保護者も一緒になって参加して学ぶ「ラーニング・コミュニティとしての学校」につながるものでもあります。「子どもとつくる時間割」を実現することは、単に子どものやりたい気持ちをかなえるためだけではなく、保護者も巻き込んで、共に活動に参加して学び、共に子どもの成長を支えていくことにつながるものだと考えています。

では、具体的に、「探究・協同のサイクル」は、どのようなサイクルなのかを説明していくことにします。

「子どもとつくる時間割」を生み出す探究・協同のサイクル

① 【授業】子どもの意欲を引き出すきっかけをつくるのが教師の役割

② 【問い(?)・やりたい(!)】子どもの問いと意欲を大事にする

③ 【おたよりノート】お家の人に伝えたいことを書く

④ 【「Google Classroom」】写真と言葉で保護者に伝える

⑤ 【家庭学習】興味をもったら、調べる、つくる、準備する

⑥ 【朝の会】お知らせコーナーで、クラスみんなに伝える

⑦ 【時間割】その日の予定をみんなで決める（前期）

　　　　　　1週間の予定をみんなで決める（後期）

このサイクルは、①〜⑦の順で毎日繰り返され、興味・関心をもった子どもを中心としながら、じんわりと周囲の子の好奇心を刺激して広がります。保護者が子どもの思いに寄り添って協力することで、学校というコミュニティに間接的・直接的に参加していく形になります。この本で紹介している実践は、このサイクルが、どの学習活動でも螺旋状に折り重なって進んでいっています。

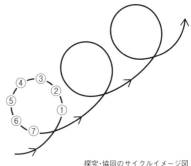

探究・協同のサイクルイメージ図

　この「探究・協同のサイクル」のもとになっているのが、「協同性のわ」です。一人ひとりが自らの感性と感覚を拓き（直感）、思いや願いを何らかの形で表現します。周囲の人（子ども・教師・保護者など）がそれに感応して、思いに共感・共鳴（共振）することで、「協同性のわ」ができていきます。はじめは、小さく弱い「協同性のわ」が、いくつもの活動でさまざまな感情経験を共にしていくことで、少しずつ広がり、深まっていき、クラス全体の大きな学びのうねりとなっていきます。これが、小学校教育でのダイナミックな協同的な探究となっていきます。この「協同性のわ」が生み出されるようにデザインした学びの環境が「探究・協同のサイクル」です。

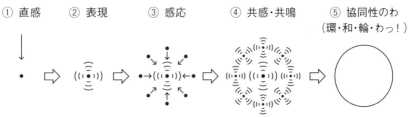

「協同性のわ」のイメージ

第1章

時間割に捉われない授業の実際

①【授業】きっかけをつくるのが教師の役割

　子どもが世界の「ひと・もの・こと」と出会い、多様な見方・考え方を育むことは、豊かに生きていくことにつながっていきます。子ども達のやりたいことだけをやっていくと、その自由は狭くて限定的です。ですから、教師がいかにして各教科の内容に子どもを出会わせていくかが腕の見せ所となります。私は、教師からしかけていくときは時間割（予定表）に「？」と板書しておいて、その時間まで何をやるのか子どもに知らせないようにしています。子どもが「先生、何やるの？」と言ってきたら、「あとでのお楽しみ！」と答えます。そうするだけでも、子ども達は授業へのモチベーションを高めます。その分、教師にはプレッシャーがかかります。もったいぶっておいて、つまらない授業はできません。

　教師が提案する授業であっても、結果的に子ども達が自己を没入させて活動に取り組み、「もっとやりたい！」「楽しかった！」となっていけば、始まりは子どもでも教師でもどちらでもよいと考えています。私は、子ども達が「やりたい！」と思ったり、「どうしてだろう？」「どうしたらいいのだろう？」と考えたりできるような授業を展開していけるように工夫をしています。

②【問い(?)・やりたい(!)】子どもの問いと意欲を大事にする

　私のクラスでは、わからないことや問いがあると、折り紙にメモをする子どもの姿をよく見かけます。子ども達は、誰に言われるでもなく、自分に必要だと思ったことは、忘れないようにメモをします。そこで書いたことを頼りにしてお家の人に相談したり、調べたり、活動に使う物を準備したりしてきます。リアルな生活上の文脈で活動を展開していくと、そこでの問いややりたい気持ちは、他人事ではありません。授業内

29

容を自分事として認識するからこそ、問いややりたい気持ちがその後の行動へと続いていくのです。また、そこで考えたこと、調べたこと、つくったもの等が、このサイクルの中で実現されていくから、次もまたやろうという気持ちになっていくのです。

③【おたよりノート】お家の人に伝えたいことを書く

1年生の始めの頃から、毎日「おたよりノート」を書く活動に取り組んでいます。「おたよりノート」とは、子どもがその日の出来事で心に残っていることやお家の人に伝えたいこと等を連絡帳に書いて、保護者に読んでもらう学級通信のようなものです。有田和正氏の実践を参考にしながら語尾表現を面白くして、書く意欲を高めるようにしています。有田実践との違いは、子どもから伝えたいことを聞き出して、できるだけ簡潔な言葉で書くことです。この実践で大切にしていることは、子ども自身がお家の人に伝えたいことを自分で書いて伝えることです。毎日、帰りの会の前に、「今日のことで心に残っていることは何ですか？」「お家の人に伝えたいことは何ですか？」と尋ね、子ども達が言っていることを短い文で1文か2文に整理して板書していきます。子ども達はそれを視写していきます。ひらがな、カタカナ、漢字は、習っていなくても真似して書くようにします。習ったから使うのではなく、自分に必要な言葉や文字を使うから自分の

おたよりノート

板書を視写する子ども達

ものになっていくと考えているからです。前期は、子ども達と一緒にその日に伝えたいことを考えて教師が書いたものを視写しました。後期は、子どもが自分で伝えたいことを考えて書くようにしました。子どもが持ち帰った連絡帳は、保護者が毎日見て、サインや一言を書きます。子どもを支える保護者の皆さんのあたたかい言葉がたくさん見られ、子どもにとっては自分のやっていることを伝えて認められるツールに、保護者にとっては子どもから学校の様子を直接聞いて知るツールになっています。

　しかし、短い言葉で書いてあるため、書いてある文だけではすべてのことは伝わりません。そのため、子ども達は、家に帰ってから「おたよりノート」を見せながら自分の言葉でその日の出来事を説明することが必要になってきます。毎日、「こんなことをしたよ」と伝えて、学校での様子を自分で語る言葉がはぐくまれていくことが期待できます。そして、保護者は、こうした学校の活動や子ども達の姿を知り、連絡帳でお手紙を書いてくれることがたくさんあります。学校の活動へのポジティブなメッセージをくださることや子ども達へのアドバイスをしてくださることがあります。こうした保護者のあたたかなまなざしは、子ども達にとっての何よりの評価であり、励みになります。しかし、すべての子がその日の出来事を詳しく自分だけで話せるわけではありません。

④【Google Classroom】写真と言葉で保護者に伝える

　そこで活用しているのが、GIGA スクール構想で茅ヶ崎市が採用している「Google Classroom」です。できるだけ毎日、その日の出来事を写真とコメントで載せているため、子ども達は写真を手掛かりにしなが

らその日の記憶を想起し、私のコメントによって説明が補われるようになっています。保護者からは、「いつも Google Classroom を見るのを楽しみにしています。」「学校の様子を見ることができて有り難いです。」といった感謝の言葉がたくさん寄せられています。

写真を撮る際は、クラスの子達がまんべんなく映るようにも配慮しますが、子ども達のどんな姿を写真に撮って載せようかと考えると、子どもを見る視点が豊かになっていきます。子どもがどのような場面で学んでいるのか、教師の学びに対する見方や考え方を、写真を通して伝えます。

また、一斉に教えている授業をしていると、写真を撮ることが難しいため、できるだけ協同的・活動的な学習となるようにする工夫が生まれます。写真を厳選したり、誰が何回載っているのかをカウントしたりしてしまうと時間がかかってしまうので、撮った写真はPDFにしてすべて載せるようにしています。子どもの姿だけではなく、板書や作品の写真も載せています。

コメントは、放課後に会議が入っていて時間が取れないときは、概要だけを書いて載せています。時間が取れるときは、子どもの姿や私の思いや願いを熱く書き綴っています。学級通信をつくるとなると1週間分をまとめた文章を書かなくてはいけませんが、毎日コメントすると、その出来事だけに焦点を当てて具体的な内容を書くことができ、とても意味があります。個人的

「Google Classroom」の画面

には学級通信を作成するよりも負担が少なく感じています。予め時間割を作成して学級通信で知らせていない分、学校でどんなことが起きているのかをその日のうちに伝えています。

「Google Classroom」を活用して、学校での活動と子どもの姿を伝えることで、子どもの「やりたい！」が保護者にも伝わり、支え、協力してもらえるようになります。子ども達の「家で調べてきた」「つくってきた」「描いてきた」の背景には、間違いなく保護者のサポートがあります。その協力のもと、学習活動へと展開されたものがたくさんあります。本当に有り難い限りです。

このように、「Google Classroom」を活用することで、学校での子どもの様子を伝えるだけでなく、保護者が学校の活動に間接的に参加して、子どもの生活と学習をつくっていく仕組みができているのです。

⑤【家庭学習】やりたくなっちゃう・やってきちゃう子どもを大切に

私のクラスの家庭学習は、「明日、どんな楽しいことをしようか考える」ことです。また、持ち物は「やる気と元気」です。ことあるごとに、このメッセージを子ども達に伝えています。同時に、子ども達に「どんなたのしいことをするのか、考えてきた？」と尋ねたり、私自身も「こんなことしてみようと思うんだけど、どうかな」と、たのしくなりそうなことを提案したりしています。たのしい学校生活をつくっていく主体は自分（子ども自身、もちろん教師も！）なのだという意識をはぐくんでいくためには、言葉ではっきりと「たのしいことを考えてきてね」と伝えて、それをできるだけ実現していくことが大切だと思っています。

クラスの多くの子が、帰宅後にその日の授業や出来事から触発されて気づいたことや発見したことを「明日、先生に言おう！」「朝の会のお知らせで言おう！」と話している姿があります（保護者談）。学校での生

活や学習をきっかけにして、帰ってからも考えて行動しようとする子ども
もの姿があることを本当にうれしく思います。これは、もはや宿題でも家
庭学習でもなく、「遊び（＝学び、探究）」と言えるのではないかと思います。

　こうした家庭での自主的な取り組みについて、私は「Google
Classroom」で次のように保護者に伝えています。

　家庭で調べたり作ってきたりする活動は、全員に必ず課しているものでは
ありません。授業で子ども達の知的好奇心を刺激し、興味を持った子が主
体的に調べることをねらっているためです。子ども達は自分とかかわる他者
がいることで、学んでいけます。お子様と一緒に楽しみながら調べ学習を進
めていただけたらと思います。大人が楽しむことも、子どものやる気を誘発
することにつながります。お子様の興味関心があまりない場合は、無理をせ
ず、またの機会にお子様が興味関心を持つのを待つことをお勧めします。い
つ、どんな内容に興味を持ってやるのか、はたまた、待てど暮らせどやらな
いのか。そうしたことをも楽しんでお子様を見れたらいいですね。私は、教師
として、子ども達のやる気スイッチを入れられるよう、励みたいと思います。

　保護者が、クラスの取り組みの様子を知り、ポジティブに捉え、たの
しみながら子どもとかかわっていくことは、子どものやりたい気持ちを
引き出して、具体的な行動をするときになくてはならないものです。保
護者のポジティブなかかわりがあってこそ、子どもの「やりたい！」が
実現されるのです。

　子どもの「やりたい！」を大事にするためには、全員に同じことを課
さないということも大事だと考えています。仮に、全員に同じことを課
して、やることが強要されたらどうでしょうか。おそらく、やりたくも
ないことを何でやらなくてはいけないのかと不満を持ち、義務で調べて

第1章 時間割に捉われない授業の実際

きたり、取り組んだりすることになり、やりたい気持ちが薄れていってしまうのではないでしょうか。全員が取り組んできていなくても、朝の会や授業中に、調べてきた子の情報は仲間の耳に入り、他の子たちに広がっていくことが、いつも起こります。子どもは仲間に触発されて、やりたくなってしまうこともあるので、全員に課さなくてもよいのです。

⑥【朝の会「みんなげんきかい」】お知らせコーナーで伝える

　子どもの「やりたい！」を聴いて実現していく場として、朝の会「みんなげんきかい」でのお知らせコーナーがあります。お知らせコーナーは、子ども達がやりたいことを自由に言ったり、気づいたことを話したり、つくってきた物や持ってきた物を見せたり、調べたことを伝えたりする時間です。私のクラスの学習活動の多くが、朝の会のお知らせコーナーから始まっています。

朝の会の名前が「みんなげんきかい」に決まったときの板書

　子どもの声から始まった活動は、その活動名を黒板左端に書き留めておきます。毎日、「昨日は、こんなことをしたね」「○○さんがこんなことを言っていたけど、やってみる？」等と、子どもの活動と思考をつなげていきました。子どもとの対話でつくっていった活動が、少しずつ板書に書かれて増えていきます。子どもが家庭で調べたりつくったり

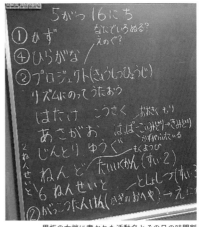

黒板の左端に書かれた活動名とその日の時間割

して、やりたいと思っていることが授業で実現していくと、子ども達は「学校は自分がやりたいことを実現できる場所なのだ！」と学びます。その経験が、「次は、こんなことをやってみよう」「いいこと思いついた！」という意欲につながっていきます。

⑦【時間割】その日の時間割を子どもとつくる

　このように、前日までの活動記録の板書や家庭学習、朝の会の子どものアイディアによって、時間割を決めていきました。時間割を話し合うときは、私も含めたクラス全員の合意形成を大事にして、民主的に話し合いながら進めていくことを大事にしています。

　そんなことをしたら、子どもと保護者が、予定がわからずに心配になるのではないかと思われるかもしれませんが、全く問題ありません。後期は、子ども達と一緒に1週間分の時間割を考えたものを板書して、それを写真に撮って「Google Classroom」で伝えていました。前期は、毎朝子どもと一緒に何をしていこうか決めていたため、事前には伝えませんでしたが、活動の様子はその日のうちに「Google Classroom」で写真と言葉で伝えていました。持ち帰る物と持ってくる物は、だいたい毎日一緒なので、次の日の時間割がわからなくても大丈夫です。むしろ、「今日は、どんなたのしいことをしようかな」と思って学校に通うほうが、幸せです。学年だよりに記載されていない持ち物があった場合は、「おたよりノート」を活用してメモをします。子ども達は、自分がやりたいことを実現していっているので、たいていの場合、必要な物を忘れることはありません。逆に、学級通信等で知らせるほう

その日の時間割を決めていっている様子

第1章
時間割に捉われない授業の実際

が、子どもが自分のこととして情報をつかんでいないため、忘れてしまうこともあるのではないかと思っています。もちろん、忘れても大丈夫なように、私が材料や道具などを準備しておくこともしています。

教師が、意図的に合科的・関連的な指導や弾力的な時間割の設定について、見通しをもちながら、子どもと一緒に時間割を編成することで、子どもの「やりたい！」が生活の中で継続してつながっていきます。

具体的に、どのように子ども達と一緒に時間割を考えていったのか、２月のある朝の時間割を決める場面でお伝えしたいと思います。

教師　今週の時間割を考えていくんだけど、先週のことを思い出してね。続きのこととか、やっていこうっていうのは、何があったっけ？

子ども　ぱくぱくさん（色画用紙でつくったぱくぱく人形を使った劇団）

子ども　やりたい、やりたい、やりたい！

子ども　クリーン（生活科で公園探検した際、子ども達がごみを拾ったことから始まったごみ拾いの活動（P.166参照））

教師　クリーンね。クリーンもできたらいいね。あとは？

子ども　ゴッドアイ

（＊ゴッドアイとは、２本の棒に毛糸を巻き付けたネイティブアメリカンの伝統的なお守りのこと。P.156、167も参照のこと）

教師　ゴッドアイね。

（活動名を板書する。）

子ども　おんがく

教師　音楽もこの前できなかったからやりたいね。

子ども　ことば

教師　ことばもね。

やりたいことの活動名が書かれたミニ黒板

37

子ども　はたけ、はたけ

教師　畑はね、特に何するっていうのは、まだないんだ。

子ども　せつぶん

教師　節分はもう終わった（前週、節分集会が時間の都合でできなかった）んだけど、まだ残ってるのがあるよね。

子ども　おにごっこ！（黒板を指さしながら興奮して）

子ども　おにごっこ！（他の子のことばを聴いて思い出して）

教師　鬼ごっこは校庭が使える日が限られているからここね。
（校庭が使える火曜日の３校時）

子ども　やったー！　イェーイ！（数人の子が大きい声で言う。）

子ども　よし！

子ども　俺、ボールおに！

（思いつかなくなり、集中力が途切れる。）

教師　こんなのあったの覚えてない？（郵便ポストを提示）

子ども　てがみ！２年生！

教師　ありがとうゆうびんっていうのがあったね。
（活動名を板書する。）

子ども　これ絶対にやらなきゃいけないことじゃないよ。

教師　絶対やらなきゃいけないわけじゃないけど、やり方がわからないから１回はみんなでやり方を確かめないと、やりたくてもできないよ。やり方がわかったあと、手紙を書くか書かないかは自由なんだけど、やり方はみんなで１回確かめよう。あとね、これもやらなきゃいけないんだな。

子ども　何それ

第1章

時間割に捉われない授業の実際

教師　今年は「笑顔の橋を架け合おう」だけど、来年 60 歳のお誕生日になる香川小学校は、どんな学校にしていきたいのかなっていうのを言葉にしていきたいんだ。

（60 周年記念として、今年度の内に次年度の学校の目標を各クラスで話し合い、運営委員会に提出する紙が届いていた。）

教師　あと、これこれこれ、忘れてない？

子ども　何それ

子ども　あっ、お手紙！

子ども　あっ、あれだ！　めぐみの子幼稚園！

（立ち上がって指さしながら）

教師　この間の話の続きで、幼稚園の子達が来るんだけど、何をしたいのか、しかも、コロナで直接遊んだりすることができないから、どうしようかって話をしてたよね。それも準備しなきゃいけないね。

教師　これはなんて書いたらいいかな。

子ども　めぐみの子

教師　幼稚園生が、小学校に行くのが楽しみだなっていうのをみんなでつくれたらいいね。

教師　さて、今、出てきたことを今週の時間割の中に入れていきたいと思います。あとは、何をどこに入れていこうかということなんだけど、どうする？

子ども　ゴッドアイ

教師　ゴッドアイなんだけど、毛糸の準備がないとできないから、それをいつまでに準備できるのかにするかどうかなんだけど、いつまでに準備できそう？

〜（中略）〜

教師　ゴッドアイも、ゆうびんのやつも、きっかけで最初にやるんだ

39

けど、そのあとは、休み時間とか放課後とか、そういうときに手紙をいっぱい書いたり、ゴッドアイもいっぱいつくったらいいと思います。だから、今週はやり方がわかるきっかけになればいいかなと思います。

〜（中略）〜

教師　じゃあ、ここ（水曜5校時）でやろうかな。使う枝は、自分のお気に入りのものを休み時間に拾ってこよう。

教師　他はどうしようかな。

子ども　月曜日の4時間目にぱくぱくさん

教師　でも、今日お休みの人が多くて進められないんじゃない？

教師　金曜だったらみんな来てるかもしれないから（金曜4校時へ）

子ども　明日、かず

教師　かずとことばは、毎日1つずつ入れていきます。

（毎日1時間ずつ入れていく。）

子ども　はい！　はい！（何人も挙手）

子ども　小学校のしょうかい

教師　これはね、来週の月曜日にはもう幼稚園生が来るから、早めに話し合っておいたほうがいいと思うんだ。例えば、お手紙を書くことになったら書く時間があったり、絵を描いて渡そうとなったら絵を描いたり、そういう時間もあるから、何を伝えたくて何をするのかっていうことは先に決めておかないと、そのあとの活動ができないよね。だから、今日（月曜日）に入れちゃいます。（月曜2校時）

教師　小学校の紹介は、もう2こくらい入れておかないと。（火曜5校時）

子ども　木曜日の5時間目、おんがく

教師　音楽もやりたいよね。

子ども　小学校の紹介を木曜日の2時間目に入れる。

教師　1回だけじゃ終わらないかもね。入れておいて、終わってたら

別のことをすればいいよね。

（基本的に朝の時間帯は集中できるため、「かず」「ことば」を入れ、午後の時間を活動の時間にしていきたいという意図から、金曜の５校時を提案して板書する。）

子ども　こま遊び

子ども　イェーイ！（何人もの子が喜びを声に出す。）

教師　そうだよね！　こま遊び（教師もやりたい気持ちを表す。）

（他にもやりたいことが頭の中にある教師は、悩んでから）

教師　ちょっと考えさせて。他にまだ先にやらなきゃいけないことがあるかもしれない。

教師　こま楽しいからやりたいよね。めぐみの子幼稚園の話し合いのときも、「こまこま！」って、みんなから出てきてたからね。

子ども　月曜日の４時間目に、「ありがとうゆうびん」のやり方

教師　今日やっておいたら、今日帰ってからもできるね。明日からも空いてる時間にいつでも書けるね。（月曜４校時に板書）

子ども　月曜３時間目に「かず」をやりたい。

教師　ここ、迷ってて、図書室をとってあるんです。なんでかっていうと、「本のしょうかい」終わっている人もいるんだけど、まだ終わっていない人もいるんだ。今週中には終わらせて、図書の先生のところにお話に行ってお渡ししたいんだよね。水曜３時間目だけで終わるんだったら、今日（月曜）やらないし、終わらないんだったら今日できるように図書室もとってあるし。まだ終わってなくて２時間欲しい人？

（ほとんどの子が「本のしょうかい」を終わっていなかったので挙手）

教師　じゃあ、今日入れよう。（月曜３校時に板書）

教師　あと、このへんは「？」を入れておきたいんだな。

子ども　じんとり

教師　やりたいことをやることもいいんだけど、小学校は、やりたいっ

41

ていうこと以外に、やりたいだけでは普段出会わないこと、ただ自分で自由にしているだけでは出会わないことに出会えるのも小学校のいいところなんです。だから、先生、みんなが考えていくのとプラス「＋」して、みんながやりたいことを自由にやっているだけでは出会わないものを「？」で書いて、「こんなのはどう？」「こんなのも楽しいよ？」って提案しているんだ。だから、ここは（金曜1校時）は、この間やったボールキックゲーム、あと、〇〇さんがさっき言ってくれた縄跳びもやりたいと思います。陣取りは、またの機会にさせてください。

子ども　はーい

子ども　アートクラス

（9月に中国から転入したばかりの子が、話し合いの意図を理解して、自分のやりたいことを英語で表現している！）

教師　それもどこかに入れたいな。ここに入れよう。（木曜1校時）

（？と板書）

教師　先生からみんなに提案するね。ここは「？」にしておこうかな（火曜4校時）。考えておくね。みんな今週はこれでいいですか。

子ども　はーい！！！

教師　やっている途中で、終わっちゃったら、変えてもいいし、もっとこういうこともできそうってなったら変えていこうね。

教師　それで、これ入ってないんですよ。

子ども　クリーン

教師　とりあえず、ごみを拾っておいて、ごみを分別するのはどこかに1時間入れてもいいかもしれないね。じゃあ、どこに入れよう。じゃあこれ（かず）をやめて（算数は進度が早いため減らしても大丈夫なため）（と言って消す。）

子ども　だめだめー！　やりたい！

教師　そうか。わかった。（と言って「かず」と書く。）

子ども　イェーイ！

　このように、それまでに活動が継続しているものや子ども達がやりたいことを教師が聞き取って提案しながら、時間割を決めていきます。時間はかかりますが、子ども達がクラスの活動を対話でつくっていくと、自分の思いが実現

1週間分の時間割が埋まった黒板

できることがわかった瞬間に「イェーイ！」と、喜びの声がたくさん聞こえてきます。子ども達が、対話の中で自分達がやりたいと思ったことを決め、思いが成就したり、活動の中で喜びが共感されたりすることで、子どもの可能性が拓かれ、小学校での学びがたのしくなっていくのです。

　子ども達と1年間対話しながら生み出されてきた活動を整理したのが、次ページの図表1「実践の全体像」です。これは、始めから計画したものではありません。子どもと一緒に「どんなたのしいことをしようかな？」「次はどうしていったらたのしくなっていくのかな？」と、その時々に子ども達と対話しながら生み出してきたものです。

　本書では、「子どもと一緒につくる時間割」で生み出されてきた「実践の全体像」を私がどのように実践してきたのかをお伝えしていきたいと思います。

図表1「実践の全体像」

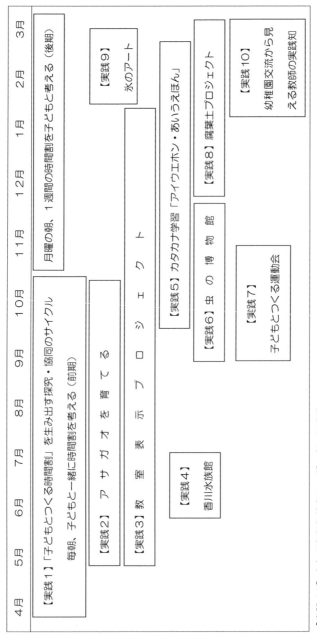

【実践11】人とのかかわりをコーディネートする

【実践12】子どもに身につけさせたい学習習慣とは〜宿題を問う〜

【実践13】子どもの「やりたくない」をどうやって乗り越えるか

column

学習指導要領の目標と内容を満たすことはできるのか？

　私が実践をつくるときの基にしているのは、学習指導要領の目標と内容、教科書の内容です。「子どもにとってどのような状況のときに、その内容を学ぶ必要性や必然性が生まれるのか」を考えて、できるだけリアルな状況を環境としてデザインしています。そのため、本書で紹介している実践は、すべて教科の学習内容と紐づいており、もちろん学習指導要領の目標と内容を十分に満たしています。

　活動のアイディアが思い浮かばず、状況に埋め込むことができない内容もあります。そういうときは、子どもが活動的に取り組むことができて、たのしく学べるような授業を工夫します（序章　算数科「なんばんめ」の例を参照）。そのため、当たり前のことですが、学習指導要領に示されている内容は、すべて履修することになります。

　授業時数については、私が調整しています。学習指導要領で示されている各教科の時数の１週当たりの目安を子どもに知らせたうえで、自然な形で出会いにくい内容は、時間割を「？」にしておき、意図的に学ぶ対象へと子どもをいざなう工夫をして、学習指導要領の目標と内容、授業時数を満たすようにしているのです。

　私の実践は、「子どもと一緒につくる時間割」です。そのため、子どもの好き勝手に、自由にさせるということではありません。私が教師としての専門性を発揮しながら、子どもが主体的に対象とかかわりながら学ぶ環境へと、自然な形でいざないながら、共により よい活動を生み出しているのです。

【実践2】アサガオを育てる

▷▶ 2年生からもらったアサガオの種をどうするかは、子どもが決める

　いろいろな学校で取り組まれていることだと思いますが、2年生が1年生にアサガオの種をプレゼントしてくれたことから栽培活動が始まりました。教師としては、2年生からアサガオの種をもらったら、当然のごとく学校で育てることを想定すると思います。しかし、子どもの声を聴いてみると、子どもによって、一人ひとりの思いは異なります。家に持ち帰って自分で育てたい子、家に持ち帰ってお家の人にあげたい子、家では育てられないから学校で育てたい子など、さまざまです。

　持ち帰りたい子の中には祖父母にプレゼントしようと考えている子、持ち帰れない子の中には自宅に庭がなくて育てられないという子など、それぞれが自分の生活と結びついた思いをもっています。

　そんな中、1つの結論に決めることは難しいです。そんなとき、ある子が、2年生からもらった種を学校用と家用に分けたらいいのではないかという意見を出しました。それまでの意見をすべて大事にした考えです。子どもは自分の思いを話し合う中で、相手の気持ちを感じます。そこで、どのように折り合いをつけていくのかを考えた結果が、このアイディアなのです。このように、通常であれば「2年生からもらった種は学校で育てる」と教師が決めてしまいそうな場面でも、子どもの声を聴いて話し合う中で、どうするのかを決めていくプロセスの中に学びがあるのです。

▷▶ アサガオ栽培の始まりと言葉（文字）の学びの始まり

　アサガオの種をもらった子ども達からは、「2年生にお礼のお手紙を書きたい」という思いが出てきました。4月の始めで、ひらがなは何も

第1章
時間割に捉われない授業の実際

指導していませんが、子ども達は国語の教科書の最後のページにある五十音表を何度も見返しながら、2年生へのお礼のお手紙を書いていました。

お礼のお手紙を書く子ども達

私たちが普段思い描いている文字の学習は、「習ってから使う」ですが、この場面のように「使いたいから自分で習う」という学びこそが大切です。文字を学習することの大事な要素に、自分の伝えたいことを言葉にすることがあります。必要な場面で、自分が伝えたいことを書くことは、子ども達が文字を獲得するときに、とても大事なことです。書き順、字形などは、授業

2年生へのお礼のお手紙

の中で少しずつ扱って身に付けていけばよいのです。それよりも、「書きたい！」「自分の気持ちを伝えたい！」という思いを言葉にしていくことのほうが、文字を書くことの意味がわかり、その後に文字を学習するモチベーションにもなります。

▷▶ 2年生に手紙を渡す段取りを自分達で行う

手紙が完成したところで、「書いた手紙は、どうする？」と子ども達に尋ねると、あっさりと「渡しに行く」と言います。「でも、急に行っても、いないかもしれないよ？」と伝えると、子どもから「いつ行っていいか、聞きに行ったらいいんじゃない」というアイディアが出てきました。「よしきた！」と思い、クラス全体で、どんな言葉で伝えたらいいかを考えました。

教師　2年生の先生に何を言うかを決めようか。
子ども　いつ行っていいですか。
子ども　アサガオ大きく育っています。
子ども　あのさー、とんとんと入っていって、おじゃまします。
子ども　何時何分に行っていいですか。
子ども　いつお勉強していないですか。
教師　2年生にいつがいいか聞きに行きたい人。
（子ども達のほぼ全員が手をあげる。）

教師　どうやって決めようか、5人くらい？　いつ行っていいですかと聞くくらいだから、決め方はじゃんけんでいいですか。
子ども　しりとり
教師　長くなっちゃうから、じゃんけんで決めよう。アサガオの種のお礼を渡したい人？
（じゃんけんで、聞きに行く3人が決まる。）
（3人が廊下から入ってくるところから練習をしてみる。）
子ども　じゃあ、俺たち勉強してる？
（2年生になりきっている。その状況をつくる。）

教師　先生は（2年5組の）〇〇先生です。
（3人の子が、ドアをとんとんする。）
全員　はい、どうぞ。

第1章
時間割に捉われない授業の実際

　その後、3人は私と一緒に職員室に行って、2年生の先生に手紙を渡しに行く日時を確かめました。Aさんは、教室で活発に自分の意見を言う子ですが、いざ職員室に行くと、友達を前にして後ろに下がり、後方から友達を支える役になっていました。逆に、まだ入学間もない頃で教室では大人しくてみんなの前で意見を言うことの少ないBさんが先頭になっていました。教室とは違う、リアルな状況では、

職員室に向かった子ども達

顕在化される子どもの姿も違ってくるのだということがわかりました。3人とも緊張気味だったため、少しだけサポートをして、2年生の先生につなぎました。

　2年生の先生は、あたたかなまなざしでしゃがみ込んで3人の話を聞いて、手紙を渡しに行ってもいい日時を教えてくれました。話し終わったあと、3人の子に「よかったね。あとからクラスのみんなに教えてくれる？」と伝

2年生の先生に話をする子ども達

えると、「うん。わかった」と言って、ぴょんぴょんと教室のほうへと戻っていく姿がありました。

▷▶ 子どもの表現をどのように見取ってかかわる言葉で伝えるか（評価）

　私は、アサガオを育てていく前に、「このあと、アサガオの種はどうなっていくのかな？」と、子どもの既有知識を引き出す問いかけをしました。子ども達は、さまざまな考えを巡らせながら、それを絵に表していきます。すると、それぞれに共通点と相違点が出てきます。「みんなが想像

している通りにアサガオが育っていくのかな。みんなで確かめてみようか」と投げかけ、「種・発芽（子葉）・本葉・つる・花・実」等、ポイントとなる場面で観察日記を書く活動が展開されていきます。自分が予想している育ち方をしているのかを考えながら観察することで、その質も高まります。ほんのひと工夫で、子ども達は観察するモチベーションを高めて学んでいくことができます。

アサガオを育て始めた子ども達

　学校では、子ども達の発言や行動に声かけをしたり、ワークシートにコメントを書いたりする場面が多くあります。私は普段から、褒めることよりも認めることを大事にして、それを言葉にして子ども達に伝えています。私の考えている「褒める」は、「偉い」「素晴らしい」「〇〇がよくできたね」「立派だね」などの言葉です。これらの評価のまなざしによる「褒める」ことは悪いことではないと思っていますが、子ども達は「教師が設定した目標に達すれば褒められる。だからやる」ということになってしまわないか懸念を抱いています。「褒める」ことで子どものやる気を引き出すのもよいのですが、私は一人の人間として子ども達とかかわったときに、自然と内側から出てくる「認める・共感する」言葉を大事にしています。

　ここでは、アサガオの観察日記への私のコメントをきっかけにして、「共感しながら認める」評価を具体的にお伝えしたいと思います。

　（ア）は、一見すると、言葉による表現もなく、絵もシンプルなもの

第1章

時間割に捉われない授業の実際

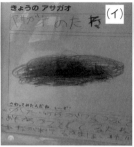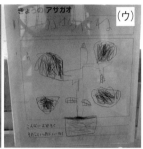

(ア)のコメント「くぼんでいるところをよくみているね。」
(イ)のコメント「さわってみたんだね。いいぞ。」
(ウ)のコメント「こんなにおおきくそだっていったらいいね！」

なので、「もっとよく見て書きなさい」と指導してしまいそうなところです。しかし、この子なりに形をよく捉えて、くぼみを発見して、それを描き表していることがわかります。だから、私は「くぼんでいるところをよくみているね。」と書いて伝えました。

（イ）は、色鉛筆でぐるぐると種の絵を描いていますが、文を読むと「つるつるしていて、かまぼこみたい。」と書かれています。つるつるしているかどうかは、手の感覚を使ってよく触ったり、じっくりと見ていたりするからわかることです。だから、私は「さわってみたんだね。いいぞ。」と書いて伝えました。

（ウ）は、アサガオの種の観察をしているのに、アサガオが成長している絵を描いてしまっています。「今は、種を観察しているから、その絵は違うよ」と指導してしまいたくなるところですが、この子はきっと、アサガオが大きく成長した姿を思い浮かべたのではないかと感じ取りました。だから、私は「こんなにおおきくそだっていったらいいね！」と、その気持ちを理解して、認めました。

子どもがアサガオをじっくりと観察して感じ取った世界と日記の絵や言葉などの表現との間には、当然、差があります。自分が見えている世界を絵や言葉に表すのは、難しいことです。だから、その子が今、種を

どのように見ようとしているのかを、絵や言葉を手掛かりにして私なりに感じ取って、それを言葉にして伝えることが大事だと考えています。私たちが普段行っている評価は、「ABC や 123」のような評定ではありません。子どもが各教科の見方や考え方を働かせて、世界の「ひと・もの・こと」をどのように自分とのかかわりの中で認識して、自分がより豊かに生きていくことにつながるかが大事です。そして、それを共感しながら認めて支えることが私の仕事だと考えています。そのように考えると、子どもが書いたワークシートを見て、「もっとよく見て書こう」といった声かけは、できません。その子なりの認識を、私なりに解釈して共感しながら認めていき、それぞれの子どもに応える言葉で返していくことが、その子の励みになっていくのだと思っています。

▷▶ どうしたら元気よく育つかな　～子どもの感性と感覚を拓いていく～

　アサガオが発芽したあとは、子ども達には、継続して頑張ってお世話をしてほしいと考えていました。教師から「毎日、水やりを頑張るんだよ」と伝えなくても、子ども達に問いかけたら、いろいろな考えが出てきて、自分達で栽培活動を行うことにつながるのではないかと考えました。そこで、「アサガオさん、どうしたら元気よく育つのかな」と問いかけてみました。すると、次のような言葉が出てきました。

・毎日、水やりをする

（「土が乾いていたらあげるんだよ。」と誰かが付け加える。）

・太陽をあびる

・雨

・水は少なく

　このあと、Aさんが「なむなむ」と言いました。私は、すかさず「どういうことか、もう少し詳しく教えてくれる？」と聞くと、他の子ども

達からも「なむなむ」に込め
られた思いがたくさん語られ
ました。

- ・雨が降りますように
- ・太陽が当たりますように
- ・よく育ちますように
- ・どんどん育ちますように
- ・大きく育ちますように
- ・種がいっぱい増えますように

　私は、前任校で松を種から育てて砂防林に植樹する活動を行ったこと
があります。その実践で、ある子が「元気にたくさん育ってね」と言い
ながら松の植木鉢の前で祈っている姿を見た経験がありました。そのと
きの子どもの姿と、今回の「なむなむ」という言葉が頭の中で重なり、
子どもは、心と魂の世界に生きているのだということを感じました。ポ
ジティブな思いや願い、祈りは、自らを突き動かすだけでなく、相手や
生き物にも伝わっていくのではないかと思っています。私は、こうした
子どもの感性と感覚を拓いていくことを大事にしていきたいと思ってい
ます。

▷▶ わからないときは、人を頼る　でも自分で判断する

　アサガオの芽がたくさん出てきたので、そろそろ間引きをしなくては
いけないと考えていました。しかし、私が「間引きをしたほうがいいみ
たいだからやりましょう」と言って取り組んだのでは、子ども達には何
の学びも生まれません。そこで、次のような授業を行いました。

教師 アサガオの芽がたくさん出てきたんだけど、このままでも大丈夫かな。（心配そうな面持ちで）

子ども 大丈夫だよ。きっと。（楽観的な感じで）

子ども わからない。（あまり興味のないような素振りで）

教師 香川小学校には、植物のことをよく知っているプロの先生がいるんだよ。

子ども えーっ！　本当！？

教師 ３年生から理科っていうお勉強が始まるんだけど、４年生は理科の先生がいるから、その先生に聞きに行ってみない？

子ども 行きたい！　行きたい！（多くの子）

　休み時間に、聞きに行きたい子ども 10 名ほどが、４年理科専科の教員にアポなしで、理科室に行くことになりました。私も同席していますが、理科専科の先生とつなぐところまでサポートしたあと、言葉で伝えるところは子ども達に任せました。何人かの子どもがその場で相談して、時間をかけながらも、アサガオをどうしていったらよいのかを聞くことができました。理科専科の先生は、アポなしにも関わらず、子ども達に寄り添いながら、どうしたらいいのかを一緒に考えてくれ、方法の１つとしてアサガオを抜くこと（間引き）を教えてくれました。お礼を言って理科室を出たあと、「誰か、あとでみんなに聞いたことを教えてくれる？」と伝えると、数人の子が「わかった！」と大喜びで教室に向かっていく姿がありました。

理科専科の先生に質問をしている子ども達

第1章
時間割に捉われない授業の実際

　次の授業時間、理科専科の先生から聞いてきた子ども達が、間引きの情報をクラスのみんなに伝えました。私は、何でも言われた通りにしていては、子ども達が考えて行動しなくなってしまうと考え、理科専科の先生に情報を聞いておきながらも、子ども達に「今、聞いた通り、弱い芽は抜いたほうがいいみたいなんだけど、どうする？」「アサガオを抜く？　それとも抜かない？」と問いかけました。すると、次のような意見が出ました。

《板書》

「アサガオを　ぬく？　それとも　ぬかない？」

ぬく

・げんきのないアサガオが
　まだそだつかじっけんする

・ちょっとは、ぬかないと
　かれてしまう

・げんきにそだってほしい

・ぬかないと、そだたない
　かもしれない

ぬかない

・せっかくそだてたアサガオを
　ぬくのは、もったいない

・まだそだつのに、ぬいちゃったら、
　そだたなくなる

　話し合った内容をもとに、どちらにするかを尋ねたところ、「ぬく」が22名、「ぬかない」が6名でした。その後、別の日にもう一度話し合いを設けると、「抜いて持ち帰って家で育てる」が4名、「抜いて学校で別の植木鉢に入れて育てる」が5名、「抜いて家と学校の両方で育てる」が12名、「抜かない（本当に枯れるのかを実験する）」が3名となりました。間引きの情報を聞いたうえで、最終的には子どもがそれぞれに「抜くか」「抜かないか」を判断することになりました。

55

このように、丁寧に子どもに問いかけ、どうしたいのかを考えていくことの積み重ねが、協同的に探究するたのしさにつながっていくのだと考えています。
（＊ちなみに、抜いた子と抜かなかった子のアサガオの成育に顕著な差はほとんど見られませんでした。やってみないとわからないこともたくさんあるのだと学びました。）

▷▶ **やりたいことに授業時間も休み時間も関係ない　それが遊び(＝学び)**
　朝の会のお知らせコーナーで、アサガオの花がたくさん咲いているという報告がありました。アサガオの花でどんなことができるのかを子ども達に尋ねたところ、押し花や色水遊びが挙げられました。
　押し花は、アサガオの花びらをキッチンペーパーに挟んでアイロンがけをしたあと、ラミネートをしました。数名の保護者にアイロンがけの学習参加をしてもらいました。私のクラスでは、授業参観日でなくても、必要に応じて保護者に協力の依頼をして、学習参加をしてもらっています。子ども達は、自分や友達の保護者が自分達の活動に一緒に取り組んでくれるので、喜んでいます。保護者にとっては、参観日以外に我が子やクラスの様子を見ることができ、よい機会となっているようです。私にとっても、自分だけでは実施することができない活動なので、とても

第 1 章
時間割に捉われない授業の実際

有り難く思っています。保護者の学習参加は、誰にとってもいいことしかありません。

　色水遊びは、咲き終わってしぼんでいるアサガオの花を摘んで、ビニール袋の中に水と共に入れ、花を揉むときれいな紫やピンクに色づくというもの

色水遊びを楽しむ子ども達

です。子ども達は、始めは「そんなにならない（色がつかない）」と言っていましたが、根気強く揉んでいると、みんなきれいな色水ができ、互いに比べたり、窓辺で太陽の光を当てて透かしたりして、たのしく遊ぶ姿が見られました。授業で活動したあとも、しばらくの間は、休み時間になると、数人の子たちが「またやりたいからビニール袋ちょうだい」といって外に行き、きれいな色水を教室に持ち帰ってくる姿がたくさん見られました。こうした子どもの様子を見ていると、子どもがやりたいことをやっているときには、授業時間と休み時間の境目がないことがわかります。こうした学びができることが理想的です。

　アサガオの活動以外にも、授業後に、音楽で取り組んだ歌を歌ったり、図工の絵を描く続きをしたりする姿を見ると、とてもうれしい気持ちになります。子どもが夢中になっている姿は、なんて素敵で美しいのだろうと感じます。そういう瞬間と出会うとき、この授業をやってよかったなと思えるのです。授業をきっかけにして、こうした姿が一人でも多く見られたらと思います。一般的に、人が集中できるのは 15 分といわれていますが、1 年生の子どもであっても、やりたいことをやっているときは、時間を忘れるほど没頭しています。夢中になりすぎて、授業に遅れてくることもあります。時間は守ってほしいと思いますが、夢中になれる時間があることは、とても価値のあることだと思っています。

図表2 アサガオの栽培活動「足跡カリキュラム①」(4月・5月)

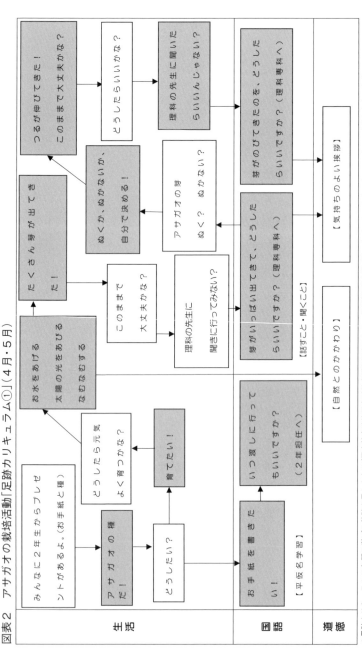

＊足跡カリキュラム：1年間の学びの軌跡を示したもの(国立教育政策研究所教育課程研究センター編著「発達や学びをつなぐスタートカリキュラム」2018年)を参考に作成

第1章
時間割に捉われない授業の実際

図表3 アサガオの栽培活動［足跡カリキュラム②］（6月～10月）

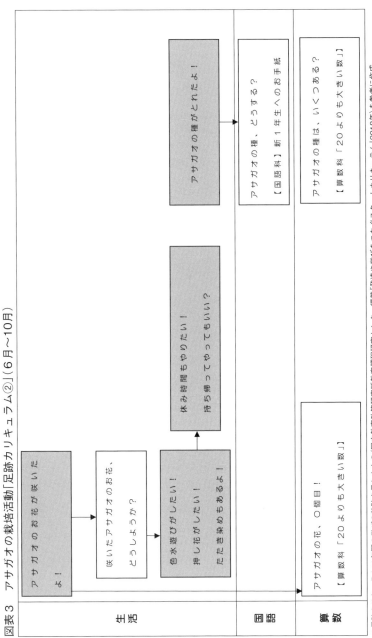

*足跡カリキュラム：1年間の学びの軌跡を示したもの（国立教育政策研究所教育課程研究センター編著『発達や学びをつなぐスタートカリキュラム』2018年）を参考に作成

59

【実践3】教室表示プロジェクト

▷▶ 今をよりよく生きる中で生まれる学び

一般的に、勉強というと、「テストのため」「成績のため」「受験のため」「将来のため」に行うものと認識されがちです。しかし私は、小学校の教育は、将来のための準備だけではないと考えています。今が将来のための準備となると、幼児教育は小学校のため、中学校は高等学校のため……となり、いつも今が未来のためとなってしまいます。

今、自分が生きる中で、よりよい生活を創ろうと他者とかかわり、自分の持ち味を発揮して、毎日を充実させ、たのしく生きる先に未来があるのであって、将来のために今を生きているのではないと考えたいと思います。学びについて考えてみても、将来のために今の勉強を頑張るというのではなく、今をよりよく生きる営みの中に、学習が埋め込まれていることを目指していきたいと考えています。

また、学力を個人の所有物と認識せず、他者と対話しながらよりよい学校（社会）にしていこうとする営みの中で顕在化される姿そのもの（＝学び）と考えたいです。

現在、流行り言葉のように「深い学び」が使われていますが、私は、自分が生きることとかかわらない文脈の中で、どれだけ頭の中だけで知識が精緻化・構造化されても、結局、自分の中には何も残っていかないのではないかと考えています。そればかりか、教師から予め準備したものを与えられて、言われた通りにやるだけになってしまうと、子どもは自分の頭で考えなくなってしまったり、与えられた通りのことをやることが学びであると誤った学習観をもってしまったりする可能性があると考えています。自分とかかわらない文脈の中での「お勉強」を、自分が生きることそのものにつなげていくことは難しいです。ですから、私は、

第1章

時間割に捉われない授業の実際

子ども自身が今をよりよく生きる中に学習内容が埋め込まれていくように活動を展開していってこそ、「深い学び」が実現されるのだと考えています。

そのため、ひらがな学習1つとっても、練習帳を使って1文字ずつ淡々と行うことはしたくありませんでした。「子どもにとって、ひらがなを書きたくなる必然性や必要性があるのは、どういった状況なのだろうか」と考えぬいた結果、思いついたのが「教室表示プロジェクト」です。

▷▶ **教室表示プロジェクトの始まりが、ひらがな学習の始まり**

私は、子どもは自らよりよくなろうとする有能な存在だと考えています。入学したばかりの子ども達は、小学校の生活について知らないことがあるだけで、ちゃんと考える力をもっています。私は「子ども達は小学校に入学してどんなことをしたいと思っているのだろうか」と、子どもの気持ちになって考えて、「小学校のことを知りたい」「友達と遊びたい」などさまざまな思いが出てくることを予想しました。そこで、子ども達に、「小学校でどんなことをしたい？」と尋ねました。すると、子ども達からは、やりたいことがたくさん出てきました。その中に「学校のいろんな所に行ってみたい！」という思いがありました。初めて小学校に来た子ども達は、小学校がどんな場所なのかを全く知りません。子ども達に「じゃあ、学校探検に行ってみようか」と話すと、ほとんどの子が「イェーイ！」と喜びの声をあげます。とても簡単な方法ですが、生活科の教科書を見てから「学校探検に行こう」というのとでは、子どものモチベーションが違います。こうして、自然な流れから学校探検がスタートしました。

数日に分けて、学校探検をしていくのですが、子ども達は特別教室の前に来ても、「ここどこ？」「何のお部屋？」という感じです。教室表示

61

を指して「被服室だよ。5・6年生で家庭科っていう授業のときに縫物とかアイロンとかをするお部屋だよ」と伝えても、何となくわかったという感じです。特別教室の部屋には、ほとんど鍵がかかっていたため、実際に中の様子を見ることができません。すると、子ども達は「鍵のお部屋に入ってみたい！」と言いました。私の予想通りです。始めから教師が鍵を持って行って教室の中の様子を見ていたら、子ども達の「こうしたい！」は生まれないからです。後日、鍵のかかっている教室を一通り見ました。その後、次のように子ども達をいざなって、教室表示プロジェクトが始まることになりました。

教師　学校探検で、こんなのを見つけた人いる？
（卒業生が木を彫ってつくった教室表示の写真を提示）

子ども　あっ、知ってる！（喜んでいる）

教師　これは、教室表示って言って、お部屋の名前が書いてあるんだけど、どこのお部屋か読んでわかる？

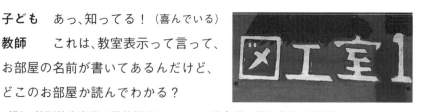

（別の特別教室表示を数枚提示したあと、給食場の教室表示を提示）

子ども　給食場！（即答）

教師　どうして、給食場だってわかったの？

子ども　だって、パンとリンゴが描いてあるもん。

教師　そうか、じゃあ、どんなことが書いてあったら、みんなはどこの教室表示かわかる？

子ども　絵！

教師　そうか。絵が描いてあったら、すぐわかるんだね。他にはどんなことが書いてあったらわかる？

第 1 章
時間割に捉われない授業の実際

子ども　ひらがなが書いてあったらわかる。
教師　そうか、みんなはひらがなを読めるの?
子ども　読めるよ。幼稚園のときから読めるもん。
教師　そうなんだね。小学校でまだお勉強してないのにひらがなを読めるんだね。先生からみんなに提案があるんだけど、聞いてもらってもいい?
子ども　うん、いいよ。(静まる。)
教師　教室表示って言って、昔の卒業生がつくったみたいなやつを1年生でも読めるようにひらがなでつくってみない?
子ども　やりたい！　イェーイ！(大興奮で大喜び)
教師　よし、じゃあ教室表示をつくろうか。ところで、香川小学校には、どんな特別教室があったっけ?

　子ども達は、次々に知っている特別教室の名前を言っていきました。意図的にすべての教室名を右揃えで板書していくと、子ども達はほとんどの特別教室の名前の語尾に「しつ」がついていることに興奮しながら気づきます。意図的に誘っておきながら、それに気づくことができる子どもの素晴らしさを感じ、私も「本当だ！」と喜びながら、「本当かな。他のも全部そうなのかな」と言って、特別教室の名前を聞き出しました。子ども達に、教室表示をつくるために、ひらがなを学習することを提案すると、「し」と「つ」からやったほうがいいというアイディアが出てきました。「よし、じゃあ、そうしよう」と言うと、子ども達は「イェーイ！」

子ども達が「し」と「つ」からやりたい！となったタイミングで、ひらがな学習ノートを見せている

と盛り上がりました。私はおもむろに「こんなのがあるんだけど、使ってみる?」と言って、ひらがな学習ノートを見せました。すると、一気に子ども達のやりたい気持ちがあふれ出てきました。今年度になって初めて知ったのですが、ひらがなの学習ノートには、「五十音版」と「つ」「く」「し」から始まる「つくし版」があるようで、ちょうど「つくし版」を購入していました。そこで、「つ」からひらがなの学習をすることになりました。教室表示をつくるモチベーションがあるため、子ども達がひらがな学習に向かう姿勢は、真剣そのものでした。学ぶ意味がわかると、1年生の入門期であっても、ここまで集中して学習に取り組めるのだと、驚きました。

▷▶ **個別最適な学びと評価のまなざし**

　机間巡視をしながら、個別に指導をして丸つけをしました。丸つけは、最低限の基準を設けているものの、子どもの特性に応じて、「この子は、ひとまずここまでは頑張らせたいな」と緩めに丸をつけたり、「この子はここまで厳しくしてもやりとげることができそうだな」と細かい点まで気をつけるように指導したりと、それぞれの子どもの反応を見ながら、個別最適な丸つけ(評価)を心掛けました。

　香川小学校は通知表をなくしましたが、評価をしていないわけではありません。ここでの丸つけのように、子どもの学習状況を見取り、一人ひとりの子どもに応じてその子にあった丸つけと声かけをしていきます。私たちは普

個別に学習状況を見取る

段の授業で、「あなたはＡ、あなたはＣ」といった評価のまなざしで子どもとかかわっていないはずです。よく書けていればどこがよかったの

第1章

時間割に捉われない授業の実際

か、間違えていたら何をどうしたらよいのか、個別具体的にその内容を
伝えていっているはずです。もちろん、全員が自分のペースですべてや
り遂げて丸をもらえるところまで、柔軟に時間を設定して行います。全
員が最後までやり遂げる時間を確保することで、子ども達は安心して学
習に取り組むことができます。

　具体的にどのようにしていったのか、例をあげてお伝えしたいと思い
ます。

　ある子は、文字をなぞったり書いたりすることが苦手で、私の所に来
ては、間違っている部分を指摘されて、何度も書き直しています。何度
も似たような間違いがあっても、諦めずに何度も取り組みます。指導の
中で、「1のお部屋のこの辺からスタートして、3のお部屋のここまで
来て終わるんだよ」と伝えて、点の印を書いて支援をしました。点の印
が書かれた部分は、上手に書くことができていました。しかし、印のな
い部分は、うまく書けていませんでした。しばらくして、その子は「点
の印が書いてあったら、うまく書けるんだよなぁ」とつぶやいていまし
た。そのつぶやきがきっかけとなり、間違っていた文字を直すときに、
自分で始まりと終わりの場所に点を書いて練習をする姿が見られまし
た。それを見つけた私は、「〇〇さん、すごい！　自分で点を書いてやっ
たの？！　だからこんなに上手に書けたんだね！　どうしたらいいか自
分で考えてやるなんてすごいね！」と伝えました。

　この子の保護者は「通知表がないから評価をしないと思って不安に
思っていたんですけど、結構しっかりと評価をされているんですね」と
話してくれました。私は「そうなんです。日々、子どもの様子を見て、
どういうかかわりをしたらいいのかを考えて声かけをしているんです。
子どもにＡＢＣを伝えても何も意味はないですからね」と伝えました。
また、授業での子どもの様子を伝えたうえで、「今はまだ1年生で手先

65

が不器用なところがありますが、文字のポイントを意識して自分で工夫したり、最後まで粘り強くやりとげようと頑張ったりする力があれば、学年が上がるごとにしっかりと書けるようになっていきます」と伝えました。目標に準拠した評価では、最終的に書くことができているので「到達している（＝B）」ということになりますが、そんなことよりも、この子のこうしたプロセスにこそ価値があり、評価するべきで、それを保護者に伝えていくことが大事だと考えています。

▷▶ 子どもの気づきが、ひらがな学習を「やりたい!」へ

その後、しばらくは、筆順の少ない文字からひらがな学習ノートを順に行っていきました。すると、ある日の朝、Cさんは、登校して教室に入ってくるなり、興奮しながら「先生！ 聞いて聞いて！ あと、『り』と『か』をやったら『りかしつ』ができるよ！」と報告してくれたのです。私は、「本

興奮しながら報告するCさん

当だ！ すごいね。よく気づいたね。あとから朝の会でみんなに教えてくれる？」と伝えると、Cさんは「うん！ わかった！」と言いながら、朝の会が待ちきれないというワクワクを抑えられずにニコニコしていました。それに気づいた仲間達が、「どうしたの？ 教えてよ！」というと、Cさんはうれしそうに「あとでね」と話す姿が見られました。子ども達は、自分達がひらがなの学習をしているのは、教室表示をつくるためなのだという意識をずっと持ち続けていたのです。そして迎えた朝の会で、次のようなやり取りがありました。

第1章

時間割に捉われない授業の実際

（Cさんが説明をしたあと、）

子ども　いいね。
子ども　もう少しで、かていかしつ
Cさん　「か」もあったらいいんだ。
子ども　ほけんしつ
教師　最初にCさんが言ったのは「りかしつ」だよね。
子ども　ずこうしつ
子ども　としょしつ
Dさん　「としょしつ」は俺が言った。
子ども　ほけんしつ
子ども　こうちょうしつ
子ども　しょくいんしつもある。

Cさん　ちいさい「ょ」もやると「としょしつ」にもつながる。次は「よ」もいいね。
子ども　先生、「ほ」もあった。
教師　この流れで、今からひらがなやっちゃう？　アサガオはあとにして、3・4時間目は粘土でどう？
Dさん　先生、結構いいこと言う。
教師　「か」は何ページか教えてくれる？
Dさん　16ページ。ずっと、剛輔先生がいい。

　この日は、前日に2年生からもらったアサガオの種のお礼の手紙を書くことや、粘土で遊ぶ計画が立てられていたので、珍しく、朝の段階からやることが決まっていました。ここでの話し合いで、子ども達が自分

で気づいてやろうとしている意欲が言葉や表情、姿から感じられ、予定を変えてそのままひらがなの学習にしたほうがよいと瞬時に判断しました。しかし、それを決めるのは、私ではありません。私から提案しますが、決めるのは子ども達です。子どもの思いを丁寧に聴き、それを実現できるように支える姿勢をもってかかわっているからこそ、Dさんの「ずっと、剛輔先生がいい。」という言葉が表れたのだと思います。

今まで取り組んだひらがなと照らし合わせながら考えていくと、あと「り」「か」「ん」「ほ」をやると、「りかしつ」「ほけんしつ」「たいいくかん」が完成することがわかり、子ども達は大喜びで笑顔を見せました。その後は、いつも通りにひらがな学習に取り組んでいくのですが、子ども達の学びに向かう姿勢が感じられ、素敵な時間になりました。こうした雰囲気と子ども達の空気感が肌で感じられると、このような子どもの姿をいかにして引き出していくかを考えずにはいられなくなります。

予定を変更し、ひらがなの学習をする子ども達

▷▶ 学ぶことは学校の時間だけでは終わらない　夏休みにも続く

　教室表示プロジェクトは、しばらくの間、ひらがな学習の時間となっていました。始めは勢いよく学習が進んでいましたが、時間の経過とともに熱気が冷めてきた部分もありました。しかし、ひらがな学習をしな

第1章
時間割に捉われない授業の実際

がら、少しずつ特別教室の名前が完成していくことで、ただ淡々と書くよりも、子どもの意欲を感じました。

　実際に教室表示をつくるのは、ひらがなの学習を終えてからにしようと考えていました。昨年（2021年）、校内の「香川の森」という広場に植えてあった桜の木が倒れてしまったため、その枝を活用しようと考えていました。子どもと保護者に、「Google Classroom」で「木を輪切りにして、1つの木につき1文字のひらがなを書いて教室表示をつくれたらいいな」ということは、伝えていました。しかし、試作品はつくれずにいました。具体的にどうやって教室表示をつくろうかと、悩みながら夏休みが過ぎていきました。

　夏休み明け、Eさんが「先生、こんなのつくってきたよ」と自由研究の作品を持ってきてくれました。なんと、教室表示の試作品をつくり、説明書まで書いてきてくれたのです。私は、学校での活動が夏休みまでつながって子どもが自由研究でまとめてきてくれたのが初めてで、驚きと共に感動しました。Eさんと保護者には感謝の言葉しかありません。

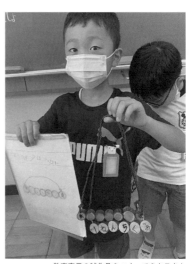

教室表示の試作品をつくってきたEさん

　その後、夏休みの作品発表の時間に、私を含めたクラスのみんなは、Eさんに教室表示のつくり方を教えてもらいました。私もクラスのみんなも具体的な方法がわかり、自分達がこのあとにやることが明確になりました。このときのことは「Google Classroom」で、次のように保護者に伝えました。

Eさんが夏休みの「自由研究」で、教室表示プロジェクトの試作品を作ってきてくれました。私は、教員人生の中で、学校の授業から発展した夏休みの「自由研究」と初めて出会いました。驚きと感動でうるっとしてしまいました。

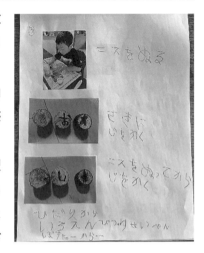

　学校での学びは、単なる暗記再生型の定型的な問題プリントに正しく答えるだけではありません。子ども達がよりよい未来を創るために、仲間と対話しながら自分の持ち味を生かして協同していくような学びが求められます。そういう意味で、学校での学びは、学校だけでは終わらないとも言えます。授業をきっかけにして、子どもが主体的に学んでいってくれたら理想的だなと思っています。だから、Eさんの作品を見て、学ぶってこういうことだなと改めて思いました。

　Eさんの資料をもとにして、自分達でできることと、大人の力が必要なことを整理して確かめました。桜の木を切ることと木に穴をあけるのは、大人の力が必要であったため、休日を利用して保護者の協力を得て、桜の木を切る活動を行いました。子どもも一緒に参加して、親子で木を切る活動を楽しんでいました。

　桜の木にひらがなを書いたり、ニスをぬっ

保護者と一緒に木を切る

たりする作業は、共育参観日に行いました。保護者には、「参観ではなく、参加をしてください」「ご自身のお子様以外も見てください」と伝えました。グループごとにひらがなが正しく書かれているかの合格を出すのを保護者の判断に任せました。

保護者と一緒に木に穴をあける

　香川小学校では、授業参観という名前ではなく、「共育参観」と名付けています。その名の通り、共に子どもを育てていくことを大事にしています。この活動のように、大人も一緒になって活動に参加しながら、子どもにかかわるすべての人で、たのしい学校を一緒につくっていけたらと考えています。このように、学校で取り組んでいる教室表示プロジェクトが、保護者との協同で行われていきました。

▶▶ 教室表示プロジェクトで数を学ぶ

　切り終えた木は、わざと床に並べて置いておきました。おおよそ80〜90個あれば足りると伝えていたため、あといくつ切れば作業が終わるのかという状況でした。そのとき、Fさんが木の数を数え始めました。どのように数えるのかを見ていたら、始めは適当
に並べて1から順に数えていましたが、「いいこと思いついた！」と、10のまとまりをつくって、「10がいくつ分で何十」という数え方をし始めました。

　こうしたリアルな状況での学びをクラス全体でも行いたいと考え、木

を切った翌日（月曜日）、黒板前の机の上に切った木を置いておきました。登校してきた子ども達は、「何それ」「昨日切った木だ」等、自然と情報交流が始まりました。また、積み木のように重ねて遊ぶ子が出てきます。私の予想通り、朝の会のお知らせコーナーで木についての気づきを子どもが話すことから学習活動が始まりました。

木を数えている子

　木を切る活動に参加していない子どももいたため（休日に作業をしたため）、作業当日の様子を写真で伝えました。「教室表示プロジェクトで使う木は、いくつあったら足りるんだろうね」と話しました。Ｆさんは作業日に数えていたので、その数を言いました。

　私は「実は、桜じゃない木が混ざっていたから、取り除いちゃって、Ｆさんが言ってくれたよりも少なくなっちゃったんだよね」と話しました。すると、子ども達から「じゃあ、数えてみようよ」という言葉が出てきました。その流れで、教室表示プロジェクトで使う桜の木の数を数える学習活動が始まりました。

　何人かが数え方を発表しましたが、木の並べ方は違うものの、全員が１から順にカウントしていく数え方でした。ある子は、２ずつ数えて10のまとまりをつくり、10が5つで50、ばらが9で、59と数えました。すると、「りかしつ」の気づきを報告して

第1章
時間割に捉われない授業の実際

くれたCさんが「教室表示プロジェクトで使う木が足りればいいんだよね」と言って、自信満々に前に出てきて、「ずこうしつ」で5、「りかしつ」で4、というように説明していきました。言葉の説明だけでは理解できていない子が多かったため、紙に特別教室の名前

を書いて、1文字につき1個の木を置いていけるようにサポートして、モニターに作業の様子を映し出しました。そして、Cさんは「教室表示に必要なのは、43こで、残りが16。だから、43と16で59」と説明すると、子ども達からは「おぉ！」という声があがりました。板書でも説明を補い、子ども達の理解を促しました。個別にどれだけ理解しているかは、今後の学習で確かめていく必要がありますが、リアルな状況と、自分達に必要性がある中で、10より大きい数を数える活動ができました。

　このように、リアルな生活上の文脈の中で取り組まれる活動には、自然と各教科の学習内容が含まれています。教える内容を与えることから始めるのではなく、「この活動の中には、1年生のどの教科のどの内容が含まれていそうかな」「この内容は、どんな状況のときに使うかな」と、考えることが

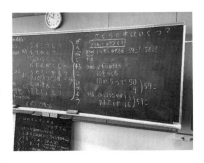

大切です。教科の学習へといざなうのは、教師の役割です。子どもにとっては、教室表示プロジェクトとして学習を進めているため、算数の学習をしている感覚ではありません。私は、子どもが教科の枠組みを意識しない学習活動が理想的だと考えています。この学習活動は、あくまでも、

教室表示プロジェクトの一環として必要性があって、ひらがなを書いたり、木の数を数えたりしているのです。何の脈絡もなく、教科書やプリントに載っている数の数え方を訓練する「お勉強」とは、全く質の異なるものなのです。

▷▶ ついに教室表示が完成

切った木にやすりをかけ、油性ペンでひらがなを書き、ニスを塗ります。木と木を棒でつないでボンドで止め、金具と紐を取り付け、ついに教室表示が完成しました。子ども達は、自分が選んだ特別教室の教室表示を仲間と一緒につくりあげました。

グループで活動を進める中で、文字数を数えて誰がどの文字を書くのかを話し合って決めたり、木と木をつなぐ棒はいくつ必要なのかを考えたりと、協同的に学習活動に参加していました。

1年生でも、こうした協同的な活動が成立する背景には、「香川水族館」（P.86参照）や劇団などのいたる活動で、自分がやりたいと思ったことを仲間との協同でやり遂げてきた経験があるからこそです。

教室表示を協同的につくる子ども達

第1章
時間割に捉われない授業の実際

▷▶ **完成した教室表示はどうするの?**

教室表示は完成しましたが、勝手に飾るわけにはいきません。教室表示プロジェクトをスタートする際、私から校長に許可を得ていましたが、子ども達が直接話して許可を得ていませんでした。私が「飾っていいかどうか、誰に聞いたらいいかな」と尋ねると、子ども達は「校長先生！」と即答しました。いつもの通り担当者を決めて、校長のところに行くことになりました。しかし、何の準備もしないで行くのはとても不安そうでした。そこで、何という言葉で伝えたらよいのかを全員で考えることにしました。

まず、そもそも、「何で教室表示プロジェクトをやっているのか」を子ども達に問いました。すると、すぐに「どこのお部屋かわかるように」「教室表示は全部漢字でわからないから」「まだ来たばっかりの子たちが読めないから」「ひらがなだったら読めるから」などが出てきました。

私は正直、驚きました。半年以上前に教室表示プロジェクトがスタートしたときの動機（理由）を、はっきりと全員が覚えていたのです。私がやらせている活動であったとしたら、子ども達は覚えていなかったのではないかと思います。自分達が教室表示プロジェクトをやる必然性や必要性があり、教室表示を作ったり、ひらがなを学習したりと、意味のある活動を行ってきているからこそです。その後、「何をしたのか」や「何と言ったらよいのか」を確かめました。

校長先生のところに行くことになっていた3人は、黒板に書いてあることを折り紙にメモして、少しだけ練習をしてから校長室へと向かいました。メモを見ながら自分達が伝えたいことをしっかりと伝えられました。

校長先生からは、「わかりました。とてもいいことをしてくれているね。

75

ありがとう。よろしくお願いします」という言葉をかけてもらい、子ども達はうれしそうにしていました。校長先生からの「ありがとう」という言葉は、子どもにとって何よりの励みとなるうれしい言葉でした。そして、満足気に教室へと戻っていき、クラスのみんなに許可が下りたことを報告しました。

校長先生に許可を取っている子ども達

報告が終わったあと、私は「校長先生は、いいって言ってたけど、教室表示を勝手に飾ったら、全校のみんなは何がなんだか、意味がよくわからないんじゃない？」と子ども達に伝えました。すると、「確かに」の声が上がりました。「どうしたらいいかな。どうやって伝えようか」と尋ねると、「ちらし」「ポスター」「放送」「動画」の4つの方法が出てきました。そこで、自分が伝えたい方法を4つの中から1つ選んで所属して、それぞれのチームごとに全校に伝える準備をすることにしました。

4つのチームに分かれてみたものの、「ちらし」「ポスター」「放送」「動画」のどれもが、子ども達にとっては初めての経験です。「ちらし」だけは、「香川水族館」の活動（P.86参照）でつくっていましたが、ほとんどの子が初めてです。子ども達には、校長先生のところに行くときに考えた板書を提示して、それをもとに活動を進めるように伝えました。しかし、どのチームもなかなか進まなかったので、「お家の人にも、どうしたらいいか相談してきてみよう」と伝えました。もちろん、おたよりノートと「Google Classroom」で保護者にも伝えました。

すると、ポスターチームのDさんが、下絵を描いてきてくれました。実は、この下絵は、Dさんの中学生のお姉さんが協力して書いてくれたものだったようです。Dさんは、そのことを周囲の友達に言えずにいま

第1章
時間割に捉われない授業の実際

した。ポスターの清書用の画用紙に描く際、Dさんはお姉さんが描いた絵を真似して描こうと頑張っている姿があり、何とも健気でした。Dさんの頑張りが実を結び、ポスターチームは一気に作業が進みました。

動画チームや放送チームも原稿を考えてきた子がいました。1年生の始めの頃から、日常的に学校の様子を保護者に伝え、協力と参加を促してきたことが、ここでもつながってきたのです。保護者の力は本当にすごいです。子どもにとって何よりのエネルギーとなります。

4つのチームで活動を進める一方で、教室表示を掲示する活動も進めました。自分達がつくった教室表示を特別教室前の廊下のどこに飾ったらよいのか、グループごとに調査に出かけました。図書室と保健室は、担当の先生がいるため、勝手に自分達で決めることができません。そこで、担当の先生に許可を取りに行きました。

教室表示を伝えるポスター

司書に相談する子ども達

図書室の司書は、子ども達の話をじっくりと聞き、どこだったら一番よさそうかを一緒に考えてくれました。保健室の養護教諭は、「素敵な教室表示をつくってくれてありがとう。どこの場所がいいか考えておくね」と話してくれ、後日子ども達がわかるように、飾る場所に物掛けフックを設置していてくれました。

教室表示プロジェクトの活動自体は、職員に打ち合わせで連絡してありますが、子ども達が伝えにいくときは、ほとんどアポなしです。そん

77

な中でも、どの教師も子ども達の思いを聞いて、それを実現できるように協力してくれます。香川小学校は、通知表をなくした取り組みをきっかけにして、子どもにとってよりよいものを、常に同僚との対話で模索して挑戦していける風土があります。子どもの思いを実現していける基盤には、こうした教師のあたたかなまなざしがあるのです。

保健室の先生に相談する子ども達

　設置が完了したあとは、いよいよ全校のみんなにお披露目です。ポスターは教室表示が設置された場所に掲示しました。動画チームは、原稿をつくり、説明する担当、教室表示を持つ担当、動画を撮る担当にそれぞれ分かれ、何度もリハーサルをして、本番の撮影に臨みました。おそるべきことに、動画

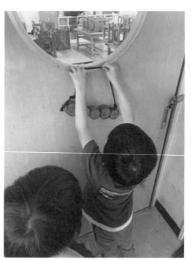

教室表示を設置する子ども

で発表する子は、原稿をすべて暗記し、35秒ほどの動画で何も見ずに言い遂げたのです。動画は、職員向けの「Google Classroom」にアップロードして、各クラスで観るように、私が職員に連絡しました。

　そして、何と言っても感動的だったのが、放送チームです。放送チームは2つのチームに分かれて、それぞれに原稿を考えて、何度も練習を繰り返していました。勝手に放送をすることはできないので、事前に6年生の放送委員会の子どものところに行って許可を得ました。いざ、放送のときが来ました。放送チームの子ども達が放送室へと向かうと、教

第 1 章
時間割に捉われない授業の実際

室にいる子ども達は、いつかいつかと待ちきれない様子がありました。給食を食べながら、「しーっ、静かにして。もうすぐ始まるよ」と興奮気味に声を掛け合います。校内放送からクラスの子の声が聞こえると、「○○さんだ」とすぐに気づきます。「わぁー」と声を潜めながら喜びの声を上げ、耳を澄ませて放送を聞いています。放送が終わると、一斉にクラス全員から歓声と拍手が沸き起こります。中には、跳び上がったり、興奮のあまり友達に抱きついたりして、喜びを全身で表現している子もいました。そして、放送をした子たちのことが待ちきれず、廊下まで出迎える子がたくさんいました。放送チームが戻ってくると、満面の笑みと拍手で称え、迎え入れる姿があり、とても感動的でした。

動画チームの子ども達

放送室から放送をする子ども達

　チラシは、全クラスに配付するため、1年生から6年生まで配る担当を決めました。これまでに、教室表示プロジェクトの意味を確かめたり、別の活動でもチラシを配ったりしていたため、今回は事前に渡すときの言葉を考えずに配る活動にしました。チラシは授業時間に配ることはできないので、中休みや昼休みしかありません。それでも多くの子が配る役を率先して引き受けるのは、自分達の活動を伝えたいという思いをもっているからです。特に、「きょうだいがいる学年に行きたい」という子が多くいま

す。普段の授業では、なかなかかかわる機会が少ないため、こうした活動をきっかけにかかわりが生まれ、子ども達はますますやる気を見せます。

チラシを配ったあと、授業で全員がいる場で、「何と言って渡してきたの?」と子ども達に尋ねると、「読んでください」と伝えてきたようです。私は、もっと活動の意味を話してほしいという思いをもちましたが、「チラシ」は元々、読んでもらえばわかるようになっているものなので、子ども達の「読んでください」の言葉は、その意味を考えたうえでの言葉なのだと瞬時に判断しました。ですから、「そうだよね。チラシだからね」と話して、それ以上は言いませんでした。「こうしたほうがよい」「こうあるべきだ」といった指導内容が先にあると、「なんでもっとこう言わないんだ!」ということになりかねませんが、子どもはちゃんとチラシを配る活動の文脈を考えて渡すときの言葉を考えているのだから、今、それを伝えるべきではないと、ストップをかけました。教師が、こうしようと教えたいことを一旦保留して、子どもの言葉の奥にある意味を丁寧に解釈していくことが大切なのだと学びました。

教室表示プロジェクトの活動は、私のクラスの子ども達の一方的な取り組みのように捉えられてしまうかもしれませんが、そうではありません。チラシを配ったあと、1年生の別のクラスの子ども3人が、私のク

放送が終わり、歓喜に沸く子ども達

ラスに来ました。「どうしたの？」と尋ねると、配ったチラシを私に見せ、「教室表示を見つけました」と教えてくれたのです。私のクラスの子ども達が配ったチラシは、単なる紙切れではなく、ちゃんと意味のあるものとして相手に届き、興味をもった子ども達が教室表示を探す活動へとつながっていったのです。

私は、うれしくなって「ほかにも学校の中にたくさん教室表示があるから見つけてみて

チラシを配付する子ども達

ね」と３人の子に伝えました。すると３人の子は、「そうなの？ 見つけてみる」と言って、学校探検に出かけていきました。一緒に来ていた３人の子どもの担任が、「みんなもつくってみたいね」と言ったので、「まだ木は、ありますよ」と伝えました。

こうして、私のクラスが取り組み始めたことをきっかけにして、少しずつ子どもや教師へと伝わり、自分達もやってみようということにつながっていったらいいなと思っています。

▷▶ **教室表示プロジェクトで、子どもの学力を考える**

一通り学習活動が終わり、最後に教室表示プロジェクトをやってみて感じたことや思ったこと等を書く活動を行いました。発達段階を考えると、これまでの活動を言葉で振り返ってメタ認知するのは難しいと思いましたが、子ども達がどこまで言葉で表現できるのかを知ったり、記録として残したりしたいと考え、実施しました。詳しく振り返ることは難しかったものの、自分なりに振り返って書くことができていました。互いの考えを交流する時間を設けると、ワークシートに書いていない内容でも、仲間の言葉から響いてきた新たな考えを発表する子がたくさん現

れました。
　・大変だったけど、頑張ってつくった甲斐があった。
　・1年生が来たとき、ひらがなが読めるからよかった。
　・どきどきした。頑張ってよかった。終わったらたのしかった。
　・子ども達と先生とお家の人が協力したからできた。
　・友達とできたのがたのしかった。
　・最初は緊張したけど、自分で言えてたのしかった。いろんな人に会えてうれしかった。
　・動画を撮るとき、頑張ってやるのがたのしかった。
　・桜の木を切ったりつなげたりするのがたのしかった。
など。
　子ども達が自分を語る言葉を育んでいけるようにする一方で、それだけでは表すことのできない子どもの学びを教師が見取って語れるようにすることも大事だと考えています。
　子どもを評価していくとき、どうしても、ペーパーテストやワークシート（言葉による表現）等、紙媒体に表出されたものを何らかの指標（評価基準）に照らし合わせて評価していくことが多いですが、学習活動の中には、そこには表れない学びがたくさんあります。言葉で表現することのできない子どもの学びを、いかにして教師が専門的な見取りをして記録し、子どもと保護者に伝えていけばいいのか、今後も実現可能な方法を考えていきたいと思っています。

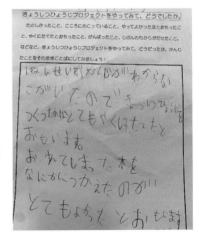

第1章
時間割に捉われない授業の実際

▷▶ **活動の意味がわかるとき**

新年度になり、新1年生が学校探検をしたときのことです。ある子が「ここは保健室だよ」と言いました。私は、「どうして保健室だってわかったの？」と尋ねると、「だって、ここに書いて

学校探検で教室表示を見つけた新1年生

あるもん」と言って、桜の木でできた教室表示を指さしました。昨年度の子ども達が行った教室表示プロジェクトは、間違いなく意味のあるものとして、意図した通りに「新1年生が教室表示のひらがなを読んでわかる」ようになっていました。その出来事を2年生になった子ども達に伝えると、喜んでいました。教室表示をつくった子ども達が、その事実を知り、「やってよかった」と思えることが、満足感、達成感、充実感へとつながり、確かに学んだと言えるのだと思います。

学校という1つの社会の中で、自分達がよいと考えたことを実行して、誰かの役に立てる経験は、2年生になってからも、その先になっても残っていくものとなると考えられます。「誰かのためにしていることが、結果として自分のためにもなっている」、そういう学びを積み重ねていくことが、今をよりよく生きる意欲と活動となり、将来へと活かされていくのではないでしょうか。

図表4 教室表示プロジェクト「足跡カリキュラム①」（4月〜9月）

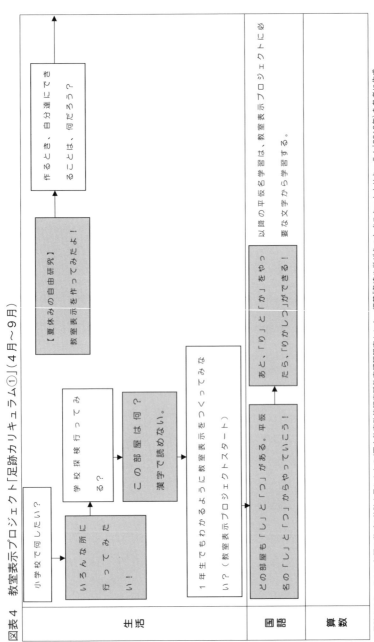

*足跡カリキュラム：1年間の学びの軌跡を示したもの（国立教育政策研究所教育課程研究センター編著『発達や学びをつなぐスタートカリキュラム』2018年）を参考に作成

第1章

時間割に捉われない授業の実際

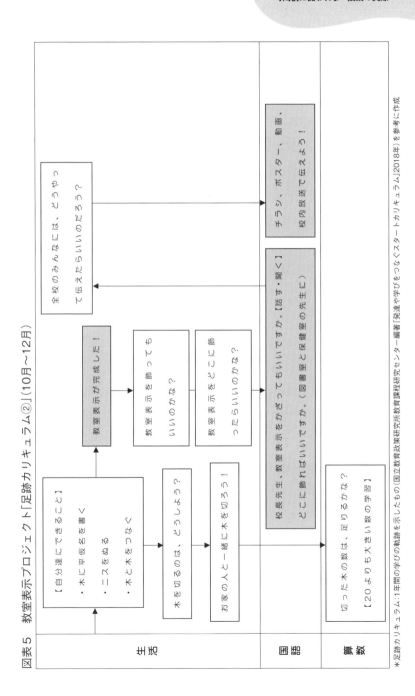

図表5　教室表示プロジェクト［足跡カリキュラム②］(10月〜12月)

＊足跡カリキュラム：1年間の学びの軌跡を示したもの(国立教育政策研究所教育課程研究センター編著《発達や学びをつなぐスタートカリキュラム》2018年)を参考に作成

85

【実践4】香川水族館

▷▶ **絵だけではない表現　多様な参加の仕方を認める**

　春の遠足で水族館に出かけました。見学を通して感じたことを何らかの方法で表現できないかと考え、学年で絵に表現することを計画していました。遠足の翌日、子どもを活動にいざなっていけるよう、青色のラシャ紙2枚と私が描いたクラゲを黒板に貼り付けておきました。登校してきた子ども達が「何か貼ってある」「あっ、水族館の絵を描くんでしょ」と気づきました。朝の会のお知らせコーナーで、ある子がその気づきを話して、子ども達にどうするかを尋ねるとやる気を見せました。

　しかし私は、この学習活動に違和感がありました。遠足で海の生き物を見てきて感じたことを絵に表す活動を教師が提示して子どもに行わせることへの違和感です。表現の1つとして絵があるだけで、表現方法は他にもたくさんあります。そこで、私は子ども達に、「絵で表すのもいいんだけど、表し方ってそれだけじゃなくて、言葉にしたり、歌ったり、動いたり、いろいろとあるよね」と伝えました。するとAさんが、「水族館やりたい！」と言い出しました。別の子が、「やりたい人？」とクラス全員に呼び掛けて、他の子たちが挙手で賛成の意志を示して、香川水族館がスタートしました。私のクラスでは、子ども達が自分達でやりたいかどうかをクラス全員に尋ねる場面が、いたる活動の中で自然と起こります。子ども達と時間割を決め、自分達がやりたいことを実現できるのが学校（クラス）なのだと学んでいるからこそ、こうした姿が表れ

るのだと思っています。

　何をするのかを話し合い、「チラシ・チケット」「ショー」「大水槽（絵・工作）」「グッズ」「看板」の５チームに分かれて活動を進めることになりました。チケットやチラシ、看板、グッズは、当日に発表がないため、活躍の機会として歌が必要だと判断して、音楽科の教科書に載っている「うみ」を歌うことを提案しました。子どもの発想だけで自由に行うのではなく、教師も一人の参加者として、どうしたらたのしくなっていくのかを考えて提案していくことが、実践を創っていくときには大切です。

　子どもの「やりたい！」を支える環境として、「多様な参加の仕方を認める」ことがあります。香川水族館では、発表当日に全員が発表するわけではありません。チラシ、看板は発表前に仕事をして、チケットとグッズは入退場でお客さんに渡します。そのため、前に出てきて発表という機会はありません。一人ひとりが自分のよさを発揮できるのは、どの活動なのかを考えて選び、自分がやりたいことで力を発揮していきます。ですから、当日の発表がなかったとしても、自分の持ち味を生かして、水族館の活動に参加していることに、変わりはありません。こうした多様な参加の仕方を認めていくことは、子どもの「やりたい！」を支える環境としてとても大事だと思います。

　発表当日は、チラシ、看板、チケット、グッズのそれぞれの担当者にスポットライトが当たるように、司会の私がそれぞれの活動と活躍を保護者に伝え、担当の子たちは、うれしそうにお辞儀をしたり、体を動かしていたりしていました。

▷▶ 子どもは自分の知識や経験をフル動員して学んでいる

「チラシ・チケット」チームは、どんなチケットをつくるのかを話し合いました。すると、子ども達が、実際の水族館の割引チケットが校内

に置いてあるのを思い出して「校長室の前に行ってきていい？」と言って、取りに行きました。子どもは、自分が生活の中で目にしていることをよく見て、既有の知識や経験をフル動員しているのだとわかり、たくましい存在だと感じました。

チケットを作成する子ども達

チケットチームは受付も担当していたため、お客さんが来たときに何を言うのかを考え、役割分担をして折り紙にメモをしていました。折り紙には、担当者の名前と「あいでぃあ　ちけっとのわたすことば、①こんにちは②だいすいそうみますか③いるかのしょうみますか④きょうしつはいれるの10にんまで」と、等身大の子どもの言葉が書いてありました。全員が一言ずつ話すことができるように考えていることがわかります。

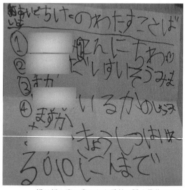
折り紙の裏に書かれた受付で話す言葉のメモ

1年5組の子ども達は、何かと書き留めておきたいことがあると、折り紙の白い面にメモをすることが、日常的

受付の子ども達の話を聞く保護者

にあります。書きたくなる状況と気持ちがあるときに、すぐに取り出して書くことができるツールとなっています。香川水族館の発表当日は、入場してきた保護者一人ひとりに、練習した通りの言葉を伝えてチケットを渡していました。保護者も子どもの言葉に耳を傾けて寄り添うよう

第1章
時間割に捉われない授業の実際

に聞いてくれている姿があり、子ども達は安心して自分が準備してきたことを発揮していました。

▷▶ **子どもの「やりたい」は、人とのあたたかなかかわりに支えられている**

　チラシを配るのは、クラス数が多く、担当者だけでは時間がかかってしまうため、クラス全員から募集して全学年全クラスに配りました。Gさんは、チラシを渡しに行きますが、言葉で伝えようとせず、紙を手渡すと「これを見てわかってほしい」という感じで、じっと相手の目を見て訴えかけました。4年生は、紙を受け取るとGさんのことを見ながら書いてある内容を見て、教室の中へ入って行きました。Gさんのわかってほしい気持ちと4年生のわかろうとする気持ちが、非言語のコミュニケーションで交わされており、相手の気持ちを感じ取ろうとする子どものすごさを感じました。4年担任が受け取って読んでいると、チラシが4年生に手渡され、声に出して内容が読み上げられました。

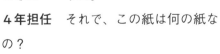

4年生	6月10日に香川水族館をやります。えっ、明日？
4年担任	先生もよくわからないんだけど。
4年生	じゃあ、俺行けない。
4年生	「俺行ける」と言って教室の子たちに伝えに行く。
4年担任	明日。何をするの？
Gさん	えっと、香川水族館。
4年担任	水族館をやるの。へぇ、そうなんだ。やるの？
Gさん	うん。
4年担任	それで、この紙は何の紙なの？

チラシを見る4年生の担任と子ども達

Gさん　　これは、チラシ。
4年担任　あぁ、じゃあこれを4年〇組の子に伝えればいいってことか。
Gさん　　うん。
4年担任　なるほど、なるほど（ようやく状況を理解した様子）
（4年担任の隣で、4年生の子が一緒に紙を見ている。）
4年担任　じゃあ、でも、みんなの前で言うのは難しいよね。
（Gさんがうなずく。）
4年担任　ありがとう。お知らせしてくれて。クラスのみんなに伝えておくね。他のクラスにも行った？　すごいじゃん、1年生。
Gさん　　6年生にも5年生にも4年生にも、みんなやった。
4年担任　すごいじゃん。立派立派。グッド。じゃあ明日頑張ってね。お家の人も来るってことか、明日共育参観だから。楽しみだね。
Gさん　　大きいサメもある。
4年担任　わぁ、すごい。じゃあ、ありがとう。ばいばい。

　チラシを配ってきたはずが、紙が余ってしまったHさんが、困っていると、次のようなやり取りがありました。

（Hさんが持っているチラシを見て、）
Iさん　違うよ。2枚ずつ渡した？
（Hさんは首を横に振る。）
Iさん　1個ずつ配ったからこんなに余っちゃう。

Hさん　そういう意味か。(明るい声で)
Iさん　そう。こうやって2種類ずつ配るんだよ。(優しい口調で)
Hさん　じゃあ僕、もう1回行ってこよう。

第 1 章
時間割に捉われない授業の実際

Iさん　6年生みんな、自分が行ってきた場所にこれを配ろうよ。
Hさん　よし、じゃあ、行ってこよう。

　Aさんが、もう1種類のチラシを配るため、Hさんと一緒に6年生のクラスに行きました。

（6年生の子が廊下で遊んでいる最中）
Aさん　何色でしたか。
（気づいてもらえず）
Aさん　何色でしたか。（2回目だから大きな声で）

（6年生は、ようやく気づく。）
Aさん　何色でしたか。
6年生　何色？（何のことを言っているのかわからないという様子）
Aさん　黒かこっち（カラー）？（2種類のチラシを見せながら）
6年生　こっちでした。（カラーのほうを指さす）
（Aさんが黒のチラシを手渡す。）
6年生　ありがとうございます。（受け取る。）

　このチラシが配られて、1年5組が香川水族館を行うことを学校中の全員が初めて知りました。私も、特に何も連絡をせずにいました。ですから、4年生と6年生の子ども達も、何とか状況を理解しようと必死に話を聞いている姿がありました。こうしたリアルな状況の中で、子ども達は、他学年の教師や子ども達のあたたかくやさしいかかわりに支えられて、チラシを配ることができました。

1年生の子ども達にとっては貴重な休み時間ですが、チラシを配った子どもにとっては休み時間だろうが授業時間だろうが関係ありません。自分が行う香川水族館のチラシを何とか無事に配りきろうと夢中になって各クラスを回っていきました。チラシを配るという活動の中で、何も知らない相手に何をどのように伝えていくのか、どうやってチラシを確実に配るのか、その場の状況に応じて対話して考えながら活動に取り組むことそのものが豊かな学びなのだと言えます。

▷▶ **子どもは自分の思いを実現するのがたのしくて仕方がない**

ショーの練習をする子ども達

「ショー」のチームは、アザラシ、ペンギン、イルカに分かれました。飼育員の指示にしたがって動物が演技をするというショーです。トレーナー役のIさんが、「じゃあ、手を挙げるから、せーので、よろしくお願いしますね」と言って、イルカ役のAさんがお辞儀をしたり、タイミングを合わせて1回転ジャンプしたり、2人のトレーナーでイルカ役のAさんを持ち上げたりと、リアルなショーを想定しつつも現実に捉われない発想で、体を動かしてたのしんでいる姿が見られました。

　サメをつくっているチームでは、次のようなやり取りがありました。

（GさんとJさんが、新聞紙を丸めてサメをつくり、目のような黒いものをつけました。）

Dさん　ねぇ！　何でここに（目を）やっちゃうの！　目はこの辺か？
（つくっているサメよりも少し離れた場所を指して言う。）

第1章
時間割に捉われない授業の実際

Gさん　違うよ。10メートルだから
（教室を出て、廊下の端まで歩いていく。）
Dさん　うわぁ（そんなに長いのが、つくれるのかという感じ）

大きなサメづくりに苦戦する子ども達

　Gさんは図書の時間に図鑑で調べた知識を使って、情報を共有していました。大水槽で海の生き物をつくる子ども達は、図鑑で生き物の特徴を調べて、本を机の上に広げながらつくる姿がありました。私も、「何とか、子ども達が思い描いているサメに近づけたい！」と、必死に新聞紙を丸めて貼り付けていきました。最終的には10mまではいかないまでも、立体的なサメをつくることができました。

　Kさんは、どうしたらチンアナゴが砂の中から出てくるところを表現できるかを一生懸命に考え、段ボールを砂に見立てて白色に塗ったり、中央に穴をあけたりしていました。穴から出てくるチンアナゴが短いと、穴の奥まで入ってしまって顔を出せなくなってしまうため、チンアナゴの長さを十分に

チンアナゴづくりに没頭するKさん

とってつくりました。自分が表したいことに夢中になって取り組んでいました。発表後もずっと、2つのチンアナゴは教室に置いてありました。秋頃になって、「このチンアナゴどうする？」と尋ねると、Kさんは大事に家へと持ち帰りました。それだけ、このチンアナゴは、Kさんの思い入れのあるものとなっていたことがわかります。

「グッズ」チームは、折り紙でつくることにしていたようでしたが、何をつくろうか迷っていました。そこで、私は、「何をつくりたい?」と尋ね、折り方の動画を見せました。ある子が「わからない」と言うと、動画を止めて、Lさんが「私が折ってあげるよ」「教えてあげる」と言って仲間を助ける姿がありました。私も、時間の許す限り、子ども達と一緒になって、Lさんに教わりながらグッズづくりをしました。子どもの中に入って活動していると、折り方がわからないときの気持ちがよくわかり、Lさんの有り難みを感じました。子ども達はこうして互いに支え合って学んでいるのだと気づきました。

動画で折り方を確認する「グッズ」チーム

子ども達は常に自分の思いを実現すべく、真剣に活動に取り組みます。Cさんは、本を見ながら、忠実にイルカを再現しようとひたすら絵を描いている姿がありました。子どもが思い描いている大水槽は、私が思い描いているよりもリアルなものなのだろうと思いました。こうした姿を見ると、香川水族館の活動は、学習というよりも遊びに近い感覚です。モチベーションの1つに、「自分達がつくった水族館を保護者や学校中の人に見てもらいたい!」という思いがありますが、香川

参観者に「グッズ」を渡す子ども達

イルカを夢中で描くCさん

第1章

時間割に捉われない授業の実際

水族館を仲間と一緒につくりあげている活動そのものがたのしいという
感じが、子ども達から伝わってきました。

▷▶ 保護者の学習参加が子どもにとって何よりの励み

　私は、さまざまな学校行事やクラスの取り組みを誰かに見てもらうと
き、見栄えや出来栄えのよさを求めていません。それよりも、プロセス
の中で子ども達がどういうことを学んでいるのかが大事だと考えていま
す。発表当日、私は司会進行をしながら、子ども達の発表を支えるよう
にコメントをして保護者に伝えていきました。発表するごとに即興で子
どもを認める声掛けをしました。具体的には、以下のようなコメントを
して、「○○チームに大きな拍手を」と、お客さんに伝えました。

大水槽チーム
「このホタルイカは、本を見ながら一生懸命つくっていました。」
「このチンアナゴは、砂から出てくるところを表しています。」
「見てください。この迫力のあるサメを。こんなに立体的に大きくつく
るなんてすごいですね。」
「大水槽の絵は、全員で、本を見ながらリアルに書きました。」

看板チーム
「香川水族館の入口がわかるように看板をつくってくれました。後ほど
またゆっくりとご覧ください。」

チケットチーム
「本物のチケットを見て、かわいいチケットをつくりました。」

チラシチーム
「香川水族館を全校児童に伝えるために、チラシをつくって配りました。
今日の昼休みに発表します。とても楽しみです。」

95

グッズチーム

「とてもかわいいグッズをつくってくれました。帰りにぜひお受け取りください。」

ショーチーム

（解説を加えるようにコメント）

「おっと、飼育員さんの指示でペンギンさんが歩いています。」
「飼育員さんの指示でアザラシさんがジャンプをしています。」
「イルカさんを2人で持ち上げています。」
「どれも簡単そうに見えますが、飼育員さんが息を合わせていないとできない技です。すごいですね。」　　　　　　　　　　　　　などなど

参観していた保護者は、あたたかい拍手を送ってくれました。発表後、教室に戻り、子ども達への感想を保護者に話してもらいました。どの保護者のコメントも、子ども達に寄り添ったあたたかい言葉ばかりでした。

香川水族館は、共育参観日に行いました。ある保護者は、当日の数回の発表でだんだん上手になってきていたと、成長（変化）への気づきを話してくれました。昼休みには、全校向けに発表し、30〜40人ほどの児童が香川水族館を見に来てくれました。

感想を伝える保護者達

▶▶ 子どもの「やりたい！」が実現する発表会は、やったほうがよい

私は、教師が敷いたレールに子どもが乗っかり、やらされているような発表会には反対しています。しかし、発表会そのものが悪いわけではないというのが、今回の活動を通してわかりました。子どもが自分達で

第1章

時間割に捉われない授業の実際

やりたいことを保護者や全校に見てほしいと願い、その思いをかなえて
いくような発表会であれば、やっていくべきだとさえ思います。私のク
ラスでのさまざまな発表は、いわゆる発表会とは異質のものです。出来
栄えではなく、子ども達が一生懸命に考えてつくりあげたものを尊重し
ながら、その思いを感じて見てもらう発表会にしているためです。また、
発表に至るまでに子ども達が互いにかかわり合いながら、たのしんでつ
くってきたプロセスをこそ、大事に伝えているからです。

▷▶ 子どもが香川水族館で学んだことは何か

　香川水族館は、6月初旬の実践です。子ども達は、さまざまな幼稚園
や保育園から小学校に入学して、まだ間もない時期です。小学校に入学
して、まだ2ヵ月しか経っていない段階で、ここまで協同的に活動に取
り組んでつくりあげることができたのは、驚異的であると思っています。
不安で教室に入れなかったり、同じ園の子が一人もいなくて不安だった
りという中、準備期間1週間で、これだけ仲間と協力しながら協同的に
活動に取り組んで、形にできたことは、とてもすごいことだと思います。
　この活動で子ども達が学んだことは、「香川小学校は、クラスのみん
なと一緒にやりたいことを実現できる場所なのだ」「仲間と同じ目標に
向かってつくりあげていくのがたのしい」ということです。自分達がや
りたいことを、担任である私だけでなく、他クラスの教師や子ども達も、
みんなが支えてくれたおかげで、香川水族館をやり遂げることができま
した。これは、小学校入門期として大事な経験です。この経験があった
からこそ、それが土台となって、その後の「教室表示プロジェクト」(P.60)
「虫の博物館」(P.105) などの活動が生み出され、次から次へと子ども
達の「やりたい！」が実現されていったのです。こうした「協同性」が
発揮される活動が複合的に積み重ねられ、子ども達は自分のやりたいこ

とを実現しようと意欲を高めたり、仲間との関係性を広げ深めたりしていきます。そして、協同で探究していくことをたのしむ学級文化が醸成されていくのです。

オープニングでダンスをする子ども達

【実践5】カタカナ学習「あいうえほん・アイウエホン」

▷▶ **教師の「どんなたのしいことをしようかな?」が教材との出会いを生む**

今年度、実践している内容は、始めから年間を通して計画されたものではありません。各教科の目標と内容を把握したうえで、「どうしたら子ども達が生きる文脈上に学習活動が位置づいていくか」「どうしたらたのしくなるか」等を考え、「これをやってみたら面白いかもしれない」という目論見のもと、実践してみています。そんな取り組みの1つがカタカナ学習「あいうえほん・アイウエホン」です。

ひらがな学習は、教室表示プロジェクトの活動によって、子どもにとって意味のある学びとなりました。カタカナ学習も同じように、学ぶことの意味がわかり、子ども達が生きる文脈上に学んだことが活かされていかないかと考えながら、時間だけが過ぎていきました。テレビや本などで情報を得ていましたが、なかなかいいアイディアが思い浮かびません

でした。このままでは、単純にカタカナ学習ノートに練習するだけの授業になってしまうかもしれないと焦っていました。

　その矢先、偶然出会ったのが『あいうえほんアイウエホン』（中川ひろたか作・絵、ソングブックカフェ）です。普段出会うことのないひらがなの言葉とカタカナの言葉が組み合わさる妙がなんとも面白い本です。文字を書くことの意味の1つに誰かに読んでもらうということがあります。この『あいうえほんアイウエホン』を書いて、全校児童に読んでもらうというのが、子ども達のカタカナ学習のモチベーションとなるのではないかと考え、教材として扱うことにしました。

　そんなある日、NHK「チコちゃんに叱られる！」を観ていると、「なんで外国語をカタカナで書くの？」がテーマでした。京都大学大学院の大槻信教授によると、カタカナは外国語（特に中国語）を読むためにお坊さんの手によってつくられた文字とのことでした。中国で誕生した漢字が日本に伝来したのは4〜5世紀頃で、お経など漢字の書物が日本にやってきて、漢字を読めない日本人が中国からの渡来人に読み方を教えてもらい、漢字に漢字の読み方をつけていたのがカタカナの始まりとのことでした。

　クラスには、中国から来たばかりの転入生がいました。「その子が、日本語の意味がわからなくても、漢字を読んで活躍できるかもしれない！」と思いました。また、私も含めて、「漢字が伝わった頃の日本のお坊さんの追体験をしながら、カタカナのもとを学んでいくことができる！」と思いました。

　仕事以外のときにも、「どうしたらいいかな」と考えながら、アンテナを高くしていたら、偶然、教材のもとになるものに出会うことができたのです。仕事は仕事だから、休みの日には持ち込みたくないという考えもあると思います。私も基本、休日は好きなサーフィンやスケボー、

フットサル、ピアノ等をして過ごすことが好きです。しかし、それと同じくらい、教育について考えて自分が誰かの役に立っているという喜びが、仕事を含めた生きることの原動力になっています。「Work life balance」も大事ですが、自分にとって教育が「Work as life」として、人生を通して自分が生きる喜びを感じる仕事となっているのだと感じています。ですから、勤務時間にかかわらず、「学校でどんなたのしいことをしようかな？」と考えることは全く苦ではありません。むしろ、たのしく感じています。

▷▶ 子どもはすぐに本質を捉える

カタカナ学習の導入授業をしたときのことです。カタカナと板書すると、すぐに、Mさんが「先生、何でカタカナとひらがなと漢字があるんだろうね」と、つぶやきました。Mさんのつ

ぶやきは、まさに本時の中心となる問いでした。子ども達はすぐに漢字は中国語だと言います。

また、「かとカ、きとキ」のようにカタカナとひらがなで似ている文字があることに気づいたり、「夕（ゆう）と夕（カタカナ）、口（くち）と口（カタカナ）」のように漢字とカタカナで似ている文字があることに気づいたりしました。カタカナと板書しただけでしたが、子どもはそれに触発されて既有知識を出していきます。しかも、本時の核となる部分にせまっていく発言が出てきたのです。これには、驚きました。しかし、どうして、ひらがな、カタカナ、漢字の3つの文字が日本で使われているのかは、子ども達にもわかりませんでした。そこで、NHK「チコちゃんに叱られる！」の動画を観ながら解説を加えて、その意味を伝えていきま

第1章
時間割に捉われない授業の実際

した。先ほどの説明に付け加え、江戸時代の学者である新井白石が『西洋紀聞』の中で、漢字・カタカナ・ひらがな交じりの文章を書いたことが、今日、日本で3つの文字が使われているもとになっていることを説明しました。

その後、まずは漢字の「子」を扱いました。日本語の読み方を確かめたあと、Nさんに中国語の発音を教えてもらいました。すると、中国語では「子」を「ツゥ（zi）」と読んでいました。中国語の発音を聴いている子ども達はとても驚いていました。私も驚きながら「中国語では、子をツゥ（zi）と読むんだね」と話しました。すると、周りの

子ども達は中国語の発音を真似し始めます。私は、「Nさん（中国からの転入生）がこのクラスに来てくれたおかげで、漢字の学習をしながら、カタカナの学習もできるし、中国語も知ることができるなんて、すごいね」と、子ども達に話しました。「子」は、中国語で「ツゥ（zi）」と発音されるようですが、おそらく、昔のお坊さんがこの発音を聞いて、日本の言葉に一番近い「之」という漢字の読みを当て、「之」の行書体がカタカナの「シ」のもとになっていったのだと考えられます。

このようなプロセスでカタカナの学習を進めることで、子ども達は先人達が文字を読む必要性・必然性があり、知恵を出し合いながら文字を獲得していったことを追体験することができます。どうやってカタカナが誕生したの

かを発見することは、子ども達にとって、とても面白かったようで、何人もの子がその日の「おたよりノート」にカタカナの学習について書いていました。

▷▶ 子どもの発想にないものは、提案してみる

「あいうえほん・アイウエホン」をつくる発想は、子ども達にはありません。ですから、つくりたくなるように子ども達をいざなっていくことが必要です。そこで、まずは原作を開き読みしました。子ども達は、絵とひらがな・カタカナを見て、その組み合わせの面白さを感じていました。読み終えたあと、「みんなも、こんなのつくってみない？」と投げかけると、「やりたーい！」の声がたくさん聞こえてきます。「よし、じゃあやろう！」と言って、学習活動が始まります。絵本の紙は、B4を8等分して線を引いたものを準備して中央に切り込み線を入れて折ると、表紙を合わせて8ページ分の小さな本ができます。そこに1ページに付き1つ、カタカナの言葉とひらがなの言葉、それぞれの絵を描いていきます。

　例えば、漢字の「手」の音読みは「シュ」で、「シ」は「子」の学習のあとに行っているため、ここで学習するカタカナは「ユ」です。漢字の「由」の中からカタカナの「ユ」を見つけたり、「ユ」を使った言葉を出したりします。その後、絵本の紙に書いていきます。子ども達の中では、まだまだひらがなとカタカナが混在しています。だから、「ユ」から始まる言葉をたくさん出させて、誤答が出てくることが学習の中では大事です。間違えることで、これはカタカナの「ユ」を使わないのだということがわかるからです。

　絵本の絵は、カタカナの言葉とひらがなの言葉がうまく組み合わさるように声をかけます。ある子の例を挙げると、「ユ」であれば、「ゆきだ

第 1 章

時間割に捉われない授業の実際

るま」が「パラシュート」で降りてくる絵を描くアイディアが出てきます。その他にも、多様なアイディアが出てきて、たのしみながら学習活動を行うことができます。絵本をつくるプロセスの中で、子ども達はカタカナとひらがなの使い分けを学んでいき、語彙を

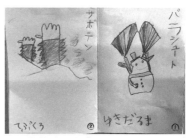

子どもがつくった「あいうえほん・アイウエホン」

増やしていくことができます。カタカナとひらがな、どちらかわからないときは、教師や友達に聞いたり、iPad で調べたりする姿が見られます。小学校の授業では、教師がプリントを与えて反復練習すれば、その知識が獲得されるかのように思われがちですが、こうした活動の中で、自分が表したいものを考えて表現する中でこそ、語彙が豊かになり、自分のものとして使っていくことができるようになると考えています。また、絵を描くことで、イメージとして記憶に残っていくことが期待できます。

▷▶ **カタカナ学習に取り組んだ意味がわかるとき**

こうした学習活動を経て、1 冊目の「あいうえほん・アイウエホン」が完成しました。子ども達と相談して、教室のあるフロアの廊下（階段と渡り廊下付近）に 1 冊目の「あいうえほん・アイウエホン」をテーブルに並べて置くことになりました。この場所に置いておくと、別の学年の子ども達も通りかかったときに読むことができると考えたからです。ある日の休み時間、別の学年の子ども達が「あいうえほん・アイウエホン」を読んでいる姿がありました。その姿を写真に撮り、クラスの子ども達に見せながら「他の学年の子達が読んでくれていたよ」と報告すると、何人もの子が「そうだよ。みんな読んでくれているんだよ」と話してくれました。私よりも、「あいうえほん・アイウエホン」をつくった子ど

も達のほうが、誰が自分達の書いた本を読んでくれているのかが気になって様子を見ていたようでした。自分達がつくった絵本を、学校のみんなが読んでくれているというのは、子ども達の何よりの励みとなります。それだけでカタカナの学習がたのしみになるのです。

「あいうえほん・アイウエホン」を読む他学年の子ども達

　この取り組みは、学校をよりよくしていこうとする取り組みの1つでもあります。「1年生がこんなことやっていてたのしそう」「自分達も何かやってみようかな」と他学年の子が思って、たのしんでくれていることを実感することが、子ども達が自分達でよりよい学校をつくっていこうとする意欲となるのです。子ども達には、「将来のために役に立つからお勉強として文字の学習をする」ということではなく、「自分達が学んでいることが誰かの何かの役に立ち、今を楽しく生きることにつながっている。結果として、それが自分の力にもなっている」ということを学んでほしいと思っています。

第1章
時間割に捉われない授業の実際

【実践6】虫の博物館

▷▷ **協同による活動の積み重ねが、クラス全体のうねりとなる**

6月頃になると、子ども達は休み時間になる度に虫捕りに出かけて、暇さえあればお世話をして遊んでいました。

Oさんが、捕ってきたカナヘビを学校で飼いたいと言っていたため、廊下で飼育をすることになりました。それから、子ども達は、毎日、毎時間、廊下でカナヘビの様子を見たり、餌となる幼虫を捕ってきて、虫かごに入れたりする日々が続きました。カナヘビの飼育がきっかけとなり、次々とさまざまな昆虫が捕まえられて、廊下は虫かごだらけになりました。Oさんは、「たまごも生むんだよ」「もう2回もやったことあるよ」と自らの経験を話す姿が見られました。Oさんが「これはニホンカナヘビ」と言うと、すかさずLさんが「外来種」と言ったり、Kさんが「外来種は跳んで外来種じゃないのは跳ばないんだよ」と言ったりしていました。正しい情報かどうかはわかりませんが、それぞれが自分の経験から知っていることを常に情報交換して飼

カナヘビを観察する子ども達

105

育することをたのしんでいる姿が見られました。

　こうした姿は、これまでに水族館や教室表示プロジェクト等、さまざまな活動を協同でやり遂げる経験が積み重なることで、クラス全体のうねりとなっていったのだと思っています。

▷▶ 感じ取り支え合う関係が生まれるとき

　7月上旬頃、Kさんがカタツムリを捕まえてきました。どうやって飼ったらよいのか、わからずに困っていたKさんは、朝の会のお知らせコーナーでクラスの仲間に相談してみることにしました。

Kさん　カタツムリをどうやって飼えばいいか、教えてくれる人？
（何人も手を挙げた子の中からKさんが指名していく。キャベツやニンジンを食べることがわかり、Kさんは、必死に折り紙にメモをしていく。ひらがなをスムーズに書けずに困っていると、隣の席のIさんが書き方を空書きして教えたり、「書いてあげようか」と言ったりして支えている様子が見られた。しかし、Kさんは自分の力で書いていく。クラス全体を見ると、関心のある子は話し合いに参加して、そうでない子は別のことをおしゃべりしている。すると、Kさんが一生懸命に知りたくて書いていることをすぐ隣で見ているIさんが、「ねえ、〇〇さん、静かにして！」と注意する。）

Oさん　たまごを生むときは、土がないとだめだよ。
教師　次は、Dさんだっけ
Dさん　ナス
教師　ナスも食べるんだって。（Kさんに向けて伝え、板書で補う。）
Oさん　畑のナスでいいよね。（自分達が学校で育てている野菜）

第1章
時間割に捉われない授業の実際

教師　　Kさん、まだ手を挙げている人がいるよ。
Qさん　霧吹きがあったほうがいいよ。
Kさん　霧吹きって何？
教師　　シュッシュッってやつ（動作で見せながら）
Kさん　あ、スプレーみたいなやつ（動作で返しながら）
Dさん　そうだよ。カブトムシとかでも使うよ。
Pさん　でも、やり過ぎたらだめだよ。
（Kさんの折り紙が書かれた文字でいっぱいになる。隣の席のⅠさんは、「私が書いてあげようか」「新しい紙あげようか」と言うが、Kさんは「大丈夫」と言って最後まで自分でやり遂げようとする。書き終えると、）
Kさん　でも、順番があるでしょ、順番。やる順番
教師　　お家をつくるときの順番はあるよね。
Oさん　色鉛筆
Gさん　えっ、食べるのはゴマダラカミキリ虫だけだよ。
Dさん　何で！　色鉛筆は食べないでしょ！
Tさん　カタツムリは食べないと思う。
Uさん　食べそうな気もするけど。
Vさん　だってね、カタツムリの歯は１億万を超えてる。
Wさん　そうだよ。
教師　　じゃあちょっと、調べてみないとわからないね。
（全体的におしゃべりが始まるが、KさんがⅠさんを指名する。）
Ⅰさん　穴
教師　　何の穴？　虫かごに空気の穴が必要なんだって。あっ、やばい。こ

107

れ空気の穴がない。ということは、これやばいってこと？
（一瞬で、全員が容器を見て、話を聞き出す。）

Tさん　だから、開けないとだめってこと

教師　でもさ、カナヘビを飼っているような、上に隙間が空いているのだったら大丈夫？

Tさん　大丈夫、大丈夫

教師　じゃあ、それを持ってこよう。

　Kさんは、「これをやりたい」「知りたい」と思ったら、仲間の力を借りながら、最後まで自分でやり遂げようとします。それを支える周りの子ども達も、Kさんのことを尊重して、支えてくれます。こうしたやりとりを聞いていると、自由に自分の必要に応じてか

かかわりながら学ぶ子ども達

かわることができる環境をつくることが大事だということがわかります。授業中に誰かが困っているときに、それに気づいて、その仲間の気持ちを感じ取ってかかわれるだけの「隙」のようなものを日常的につくることが必要です。

　私のクラスでは、授業中に子ども達が自由にたくさんおしゃべりをしています。その発話を聞いていると、この場面のように困っている仲間に気づいて、気持ちを感じ取って、自分が知っていることを伝えたり、できることをやってあげようとしたりする姿もたくさん見られます。教師としては、ざわざわすると、場を制したくなりますが（私も制する場面もありますが）、クラス全体をまるく治めていこうとしてしまうと、こうした子ども同士でかかわるよさが出にくくなってしまうように思ってい

ます。しかし、先ほどの例で、教師が「穴が空いてない。やばい」と言った瞬間のように、ぐっと子ども達の興味関心が集まって見たり、聞いたりする瞬間は、子どもに寄り添って話を聞いて進めていたら、必ず生まれます。話を聞かせる前に、話を聞きたくなるような内容と語りを、いかにしていけるかを問わなくてはいけないと学びました。そして、仲間の思いを感じ取り、かかわることのできる環境をつくることの大切さを学びました。

▷▶ **教師を介さなくてもやりたくなったらやればいい**

7月中旬、もうすぐ夏休みというとき、3年生の担任から、「剛輔さん、うちのクラスにこんな紙が配られていたのだけど、知っている？」と言われましたが、全く心当たりがありませんでした。この紙には、「むしがほしいひとワ　1ねん5くみにきてね」とい

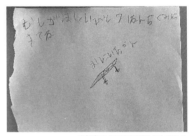

3年生のクラスに配られたチラシ

う文と、「カナヘビのおにいちゃん」の絵が描いてありました。この紙は2種類ほど作成されており、3年生の数クラスに配られていたようでした。

私は、誰が何のためにこの紙を書いたのかを全く知らなかったため、朝の会のお知らせコーナーでクラスのみんなに知っている人がいないか尋ねました。すると、Oさんが書いたと教えてくれました。Oさんは、いつもリーダーシップを発揮して、毎日休み時間に「虫捕りに行く人！」と元気よく誘って、たくさんの虫を捕まえてくる子です。休み時間終了の予鈴にも気づかないほど、夢中になって虫を捕って教室に戻ってきます。どうして、紙に書いて3年生に配ったのかは、個人面談で保護者に聞いてわかりました。どうやら、Oさんはすでに家で昆虫をたくさん飼っ

ており、もうこれ以上は家で飼えない状況だったようです。そこで知恵を出して考えた結果が、学校の誰かに譲るという選択肢だったのです。それを思いついて、家でこの紙を書いてきて、3年生に配ったようです。

　私は、それを知り、Oさんの発想と行動力に驚きました。1年生であっても、ここまで自分のやろうと思ったことを行動に移すことができるのだと学びました。これは、これまでに【実践2】アサガオを育てる（P.46）でわからないことがあったときに理科専科を頼ったり、【実践4】香川水族館（P.86）でチラシを配ったりする等の活動を通して、どうしていったら自分の思いを実現できるか、その方法を学んでいたからだと考えられます。ですから、私は、Oさんの行動は、4月〜7月の4ヵ月間の成果の表れでもあると捉えました。そう考えると、Oさんの行動に「ここまでできるのだな！　すごい！」と感動する気持ちを抱きました。

　私は、Oさんの行動力をたくさん認め、「やってみようか！」と声をかけました。実現させるために、Oさんに「いつ、どこで、誰に、どのように」渡すかを考えるよう伝えました。すると、Oさんは図を書いて持ってきました。紙を見てみると、受け取る順番や順路が書いてあるこ

Oさんが書いた図

とから、表現は稚拙であってもOさんの中でイメージがしっかりとできているということがわかりました。

　準備が整ったところで、再び3年生に声をかけにいくことにしました。虫を渡す当日、十数人の3年生が廊下にやってきました。Oさんはお店屋さんのように「いる人は来てください！」と呼びかけました。3年生はそれを受け取って教室に戻っていきました。その3年生の中には、私のクラスのRさんのお兄さんがいました。Rさんの保護者と個人面談を

した際、お兄さんが帰ってから虫を大事に育てている話を聞きました。Oさんの取り組みは、自己満足なのではなく、しっかりと3年生の生活を豊かにすることにつながっていたのでした。

▶▶ 博物館をやるから虫とのかかわりが深まる

その後、このOさんが「やりたい！」と提案したのが、虫の博物館の活動でした。9月になると、朝の会のお知らせコーナーで、博物館の活動のイメージが少しずつ共有されていきました。

呼びかけをするOさん

Dさん　化石とか、段ボールとかで骨をつくったらいいんだよ。
教師　あぁ、そういうことか。
Oさん　茅ヶ崎の博物館は虫が結構多かった。
教師　あっ、本当。茅ヶ崎の博物館行ってみたの？
Dさん　うん、そう。
教師　それで、虫がいっぱいいたの？
Dさん　うん、いた。（得意気に）
教師　それは、生きている虫？
Dさん　ううん、死んでいる虫
教師　死んでいる虫とその名前が書いてあるのかな。それの生きているバージョンでやってみるのも面白いかもしれないね。みんな、虫をいっぱい捕まえているから。

Mさん　オッケー
教師　博物館というか、動物園っぽいのだったら、すぐにできそうな気がするけどね。
Mさん　やりたーい
Dさん　化石をつくらなきゃいけないんだよ。
教師　じゃあ、博物館のアイディアをもっと出す時間もほしいね。

　その後、博物館についての話し合いが行われ、1人1種類の昆虫を決めて、その昆虫について調べて発表をすることになりました。すると、iPadで動画を撮って、博物館で見せたいという思いが出てきました。
　Oさんは、iPadでカナヘビが泳ぐ動画を撮影することにしました。KさんとPさんが、2匹のカナヘビの顔を近づけて「チューしているみたい」と喜んでいるとき、OさんがiPadを片手に水槽に水を入れました。2匹のカナヘビが泳いだり、ぐるぐると絡み合ったりしている様子を見て、その場にいる7・8人の仲間が微笑んでいました。

iPadでカナヘビを撮影する子ども

　Oさんが「動画もできるよ」と仲間に伝えることで、周りの子達もカマキリがバッタを食べている動画を撮ったり、カナヘビが競争している動画を撮ったりして、遊びながら発表に備える様子が見られました。

発表の準備をする子ども達

第1章

時間割に捉われない授業の実際

▷▶ **協同的に学ぶことで、はぐくまれるもの**

　図書室の本を活用して、自分が伝えたいことを調べて書いて博物館で伝えることにしました。これは、国語科「しらせたいな、見せたいな」として扱いました。

　すると、子ども達は仲間と一緒に本を読んで、どこの部分を書くのか積極的に話し合いながら活動に取り組み、次のような姿が見られました。

本でじっくり調べる子ども

- ヤモリを調べている子達は、「メスかオスか調べよう」と言いながら本に書いてある情報をメモしていました。
- Gさんは、カマキリの赤ちゃんの様子を1人で黙々と真剣に書いていました。
- コオロギについて調べている子達は、本に書いてある情報に付け加え「たまにけんかしています」と書いていました。自分で観察したことも書くことができていることに驚きました。
- 本をペラペラとめくりながら1ページ分をすぐに読み終え、「コオロギはきれい好きです。」を抜き出して書いている子もいました。ページをめくってから読むまでが早くて、これまた驚きました。文を読んで理解して、博物館で伝えたほうがよいかどうかを瞬時に判断して書き写す姿がありました。
- 図書室の本で虫について調べて紙に書いている際、ある子が教室に色鉛筆を取りに行こうとすると、別の子が「先生に言ってからね」と伝えて、相手のことを思いやる声かけをしていました。

こうした子どもの姿が表れる背景には、これまでの活動で、子ども達の「やりたい！」をベースにした協同的な学習活動が構成されてきたからだと考えられます。

　博物館の活動では、「夢中になって虫のお世話をして楽しんでいる場面」と「どんなことをするのか、話し合いがうまくいかずに混沌とした場面」がありました。そのため、博物館の活動が、本当に子どものやりたい気持ちと一致しているのだろうかと疑問を抱いていました。しかし、博物館に向けて虫の動画を撮ったり、調べたことを書いたりしている様子を見て、子ども達の「やりたい！」につながっていることがわかり、安心しました。子ども達は、博物館を見に来てくれた保護者に、自分が担当する虫について発表したり、質問を受けたり、感想を聞いたりして、生き生きとした表情で活動に取り組んでいました。

　香川水族館も教室表示プロジェクトも博物館も、どの活動も、クラスの仲間内だけで発表するというのでは、ここまでの活動にはならなかったと思います。「学校のみんなに見せたい」「お家の人に見てもらいたい」という思いがあったからこそ、こんなに生き生きとした活動になったのだと思います。学校という社会をよりよくしようと実践に参加することが、子ども達の学びに必要だということを学びました。

当日、見学者に向けて発表する子ども達

第1章

時間割に捉われない授業の実際

【実践7】子どもとつくる運動会

▷▶ 運動会は、子どもの成長のために

　私は、運動会は観客を楽しませるショーではないと考えています。見栄えや出来栄えよりも、体を動かしたり、仲間と協力して知恵を出し合って作戦を立てたり、運動することのたのしさや喜びを感じることができることのほうが、何より大切です。運動の技能ができることだけに捉われたり、誰かと競争することだけに固執したりしてしまうと、劣等感を抱き、運動することそのものが嫌いになってしまう可能性があります。ですから、運動会を通して、それぞれが自分の持ち味を発揮して、生涯にわたって、たのしく体を動かして、豊かな生活を送ることにつながっていったらと考えています。そのように考えたとき、学校で行われている運動会の種目や取り組みが、これまで通りでよいのかという疑問が自分の中で湧き起こってきました。

　そんな疑問を抱えて迎えた 2021 年度、新型コロナウィルス感染拡大防止のため、運動会の得点をつけず、時間を短縮して実施することになりました。また、種目も、ダンスともう 1 種目となりました。私は、運動会を変えていくチャンスだと思い、当時の 4 年生の学年メンバーに「クラスの目標を立てて、それが達成できたかどうかで台風の目を行う」ことを提案しました。幸い、学年メンバーが快く賛成してくれたため、私の提案した通りに団体種目「台風の目」を行うことになりました。

　各クラスで「誰と、どの並び順で走るのか」「棒を持つときの並び順はどうするのか」等を話し合い、練習を重ねました。始めのうちは、どうしたらタイムが縮まるのかを話し合って練習するごとに、タイムが縮まっていきました。しかし、一定のタイムまでくると、なかなかベストタイムが出ずに、伸び悩んでクラスの雰囲気が重くなることもありまし

115

た。でも、粘り強く練習を積み重ね、運動会直前にベストタイムが出ました。運動会当日の目標タイムは、それまでのベストタイムです。

　運動会当日、団体種目「台風の目」が終わると、かたずをのんでタイムの発表を待つ子ども達の姿がありました。タイムを発表すると子ども達は跳び上がったり、友達と互いに喜び合ったりしている姿がありました。それもそのはずです。練習ではこれ以上タイムを縮めることはできないだろうというほどのベストタイムだったため、目標タイムを大幅に更新したことは、子ども達にも、私にも驚きだったからです。他のクラスもすべて目標タイムを大幅にクリアしていました。目標を達成したことにも驚きですが、順位に関係なく、たとえ学年の中ではビリであったとしても、全員が大喜びして、その喜びを仲間と共有していたのです。タイムが縮んだことへの驚きと喜びのほうが上回っていたのです。

　2021年度は、私が受けもった4年生以外にも、3年生が全員リレーをクラスの目標タイムを設定して行っていました。こうした子どもの姿を見て私は、運動会は誰かに見せるためのショーではなく、子ども達が自分のことを見て応援してくれる人がいることで力を発揮できる教育の場としてあるのだと、改めて感じました。見栄えや出来栄え、勝ち負け以上に、子ども達の中に達成感と充実感が味わえることが、仲間とよりよい学校生活をつくることにつながると実感しました。

　こうした取り組みのよさが確かなものとなったのは、2022年度の運動会でした。すべての学年の団体種目が、目標タイムを設定して行われたのです。学校として、計画段階から事前にそのように取り組もうという確認はありませんでした。それにもかかわらず、全学年がこの取り組みをしたのは、2021年度に子ども達の姿が共有され、「それっていいね！」という思いをもった教師がたくさんいたからだと考えられます。

　普段、授業をしていても、他のクラスの授業と子どもの姿は、あまり

第1章

時間割に捉われない授業の実際

わかりません。きっとそれぞれに素敵な実践をしているのだと思います。実践者から話を聞いても、そのよさは子どもの姿を見ないことにはわかりません。運動会は、全員が子どもの姿を目の当たりにすることができます。子どもの姿を見て「いいな！」と思うことが、よりよい実践を生み出していく原動力になります。

　子どもの姿を共有したのは、教師だけではありません。保護者とも共有できました。私のところに届いた保護者の声をご紹介します。

・運動会、楽しかったです。各競技も競争させるのではなく、運動することにチームでチャレンジさせる、そんな種目で、他の学年を見るのも楽しかったです。点数で評価しない学校の目指している工夫が、各種目に感じられ、先生方の努力に拍手拍手の運動会でした。

・運動が苦手な4年生の孫が、台風の目で真ん中にしてもらって、必死で走っていた姿に感激し、両端を担当する子ども達の体力と力量に大拍手しました。

・2年生の「フラフープ2人走」は、相手を思い、かばい、精一杯速く走ろうとする姿が、愛らしかったです。目標タイム越えが一番感じられ、うれしかった種目でした。タイムを計ってくださった先生方に感謝です。

・香川小の歴史を変えた玉入れもよかったです。「学年で1000個が目標」とアナウンスされたときに、「えー!そんなに入るの?」とワクワクしました。

・運動会は、1年生が堂々と演技をしていたので、それだけでただただ感動でした。大勢の親御さんの前で、演技、競技をしたことで、自信につながったと思います。良い経験をさせていただき、ありがとうございました。

・両親、祖父母、皆が大変感動する運動会でした。運動会と言えば、得点表があり、勝ち負けがあるのが当たり前で育った私たちからすると、香川小学校の運動会（取り組み）はとても新鮮です。今回の運動会を見ている

117

と、勝ち負けがなくても、むしろ、勝ち負けがないほうが、すべての子ども達の生き生きとした表情を見ることができ、親である私たちの声掛けも、とてもポジティブなものになることに気づかされました。心の中で、「これが令和の教育なんだな。私の考えも改めて更新していかなくては……。」と考えておりました。教育に正解があるかも、何が正解かも、正直、私にはわかりませんが、剛輔先生の子ども達へ接する様子を見て、香川小学校の取り組みのねらい（意図）を少し理解できた気がし、香川小学校の取り組みが好きになれました。

運動会は、観客を喜ばせるためのショーではなく、教育活動の一環としての行事であり、子どもがよりよく成長するための営みです。子どもの姿をみんなで共有できる運動会だからこそ、そのよさを共有することができ、子どもにとってよりよい運動会の在り方をみんなで考え、創っていくことができるのだと学びました。

▷▶ 子どもとつくる運動会への挑戦

運動会の取り組みでチャレンジしたことが、もう1つあります。それは、運動会の種目を子ども達と一緒に考えて決めるというものです。これまでの運動会は、毎年学年ごとに取り組む内容をすべて教師が決めて、子ども達は何の疑いもなく、それに取り組むということが一般的でした。そこに子どもの主体性は全くありません。

私は、以前から「子どもは自分達でやりたいことをできるはずだ」と思っていました。先述の通り、コロナ禍で運動会の種目に得点をつけなくなったため、「子どもが本当にやりたいことは何だろう？」と考えました。1年生の学年メンバーで運動会の種目を決める際、これまで行われてきた玉入れと徒競走の2つが案として出ました。学年メンバーから

第1章
時間割に捉われない授業の実際

は「子ども達は競争することが好きだから、徒競走をやったほうがよい」という意見も出ました。その2つでなければ何がよいのか、具体案を出すように言われましたが、私は子ども達と話し合いながら決めていくのがよいと考えていたため、具体案は出しませんでした。

ただ、「子ども達に何をやりたいのかを聞いて種目を決定していきませんか」と提案しました。そして、「玉入れ、徒競走、自分達で決める」の3択で、各クラスの子ども達に意見を聞くことになりました。このときは正直、「子ども達が徒競走を選んだら、それは認めていかなくてはいけないのだろうか」と悩んでいました。しかし、運動会の種目について、子ども達の声に耳を傾けて決めていこうということ自体が、公立小学校としては珍しいことです。それだけでも、一歩前進だと考えると、力が湧いてきました。

クラスの話し合いでは、まず、これまでに保育園や幼稚園でどのような運動会をしてきたのかを尋ねました。障害物リレー（保護者と）、組体操、玉入れ、綱引き、縄跳び、跳び箱、鉄棒、かけっこ、車レースなどが出てきました。ダンスについては、もともと体育科の表現として行う予定でしたが、子ども達から「練習してうまくなりたい」「本番で本気になってやりたい」という思いが出され、みんなでやっていこうという自然な流れの中で決定しました。

運動会でどんなことをやった？　なにをやりたい？　について話し合ったときの板書

119

その後、先生が決めた種目をやるのか、子どもがみんなで決めた種目をやるのかで意思確認をしました。すると、圧倒的多数で「みんなで決める」になりました。これまで取り組まれてきた「玉入れ」と「徒競走」を提示し、それ以外に何がよいのかを話し合いました。すると、車レース、鉄棒、全員リレー、障害物リレーが出てきました。どの種目も、それぞれに賛否の意見が出ました。玉入れであれば「できる！」と「やったことない」、かけっこであれば「走りたい」「走るのが遅いから嫌だ」など、互いの考えを聞きながら話し合いを進めました。1年生の全クラスの意見を聞いて決定することを伝えて話し合いを終えました。各クラスの意見は次の通りです。

	1組	2組	3組	4組	5組
徒競走	14人	0人	0人	10人	12人
玉入れ	13人	4人	16人	10人	4人
みんなで決める	3人	21人	14人	10人	14人

　玉入れについては、どのクラスもやりたい子どもがいたため、ダンスとセットで実施することにしました。意外なことに、徒競走をやりたい子が2クラス0人でした。逆に、「みんなで決める」という意見の子がとても多くいました。とはいえ、さまざまな案がある中、学年全員の意志を尊重して種目を1つにしていかなくてはなりません。それぞれのクラスでの子どもの話を共有していくと、子ども達は走って競い合うのがやりたくて、何か道具を使いたいという思いをもっていることが見えてきました。そこで、徒競走を選んだ子も、それ以外を選んだ子も納得できるよう、障害物競走をしていくことを子ども達に提案しました。そこまでにさまざまなアイディアと意見を出し合っていたため、この提案はすんなりと子どもに受け入れられました。

　ただ単に障害物競走をするのでは面白くないので、「〇〇になりきっ

第1章
時間割に捉われない授業の実際

て」と、子ども達に投げかけました。すると、ドラゴンやチーター、ゴリラ等、さまざまな生き物のアイディアが出されました。また、話し合いの最中、その動物になりきって動き出す子どもの姿がありました。この授業時間で表現された子ども達のたのしさが運動会でも発揮されたら、大成功だと思いました。

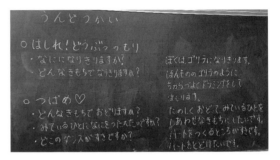

障害物は、ある程度、教師で吟味して子ども達に提案しました。その後、それぞれの障害物を何に見立てていくのかを話し合いました。ゴム紐は川、ポートボール台は岩などに見立てて、子ども達は「はしれ！どうぶつのもり」と名付けて、その世界に入り込んでいっている様子がありました。子どもは、なりきったり、状況に入り込んだりしていて、すごいなと思いました。

運動会当日、子ども達は動物になりきって、表現しながら楽しんで走っている姿が見られました。閉会式で教頭先生が「これで運動会を終わります」と言ったあと、私のクラスの子ども達から「もう終わっちゃうの」「もっとやりたかった」「たのしかったから、またやりたい」

「はしれ！どうぶつのもり」の森をつくる子ども達

121

というつぶやきが聞こえてきました。こうした子どもの言葉から、自分達で考えてつくった運動会が、本当にたのしかったのだということがわかりました。

　子ども達と一緒に運動会をつくるということは、不確実で先行きがわからず、事前に準備をすることができないため、教師としては不安があるかもしれません。しかし、準備してやらせる運動会以上に、子ども達にとっては得るものがたくさんあることがわかりました。そして、子ども達と話し合いながら、新たな可能性を探ってつくる運動会は、教師自身もたのしめるものとなりました。

【実践8】腐葉土プロジェクト

▷▶ 子どもをいざなう　やってみる

　本校には、「香川の森」という素敵な場所があります。サクラやイチョウ等の木々が生い茂り、春には桜の花びらが散ってピンクの絨毯ができます。秋には紅葉した葉が散り、鮮やかな色の葉が一面に広がります。生活科や図画工作科で、こうした自然物を使った活動を行うこともあり

第1章
時間割に捉われない授業の実際

ますが、授業で使われなかった落ち葉は、燃やせるごみとして捨てられる現状がありました。この森の中には、大きな緑色のコンポストが置いてありました。私が着任したときには、すでに置いてあったため、先人達が設置したものです。しかし、残念ながら、このコンポストが活用されていない現状がありました。本来、土に還るはずの葉が、ごみとして処分される現状を何とかしたいという思いをもっていました。腐葉土づくりのノウハウは、全くもちあわせていませんが、やってみる中でわかることがあると考え、実践してみることにしました。

　子ども達が普段生活している中では、なかなか自然に腐葉土をつくる活動へはつながっていきません。ですから、子どもと腐葉土をどのように出会わせようかと悩んでいました。11月下旬、春の花を栽培しようと「香川の森」にある土を植木鉢に入れる際、たくさんの落ち葉がありました。子ども達は「葉っぱが入っちゃうけどいいの？」と質問をしてきます。私は、「葉っぱは土になるから大丈夫だよ」と伝

土を植木鉢に入れている子ども達

えました。すると、Iさんが「本当？」と言いました。私は、「葉っぱが土になるって聞いたことがあるんだけど、本当かな？」と話しました。Iさんは「わからない」と答えます。「落ち葉が土になるか実験してみる？」と聞くと、「うん、やるやる！」とやる気を見せていました。近くでその話を聞いていたDさんは、「俺は別にやらない」と話していました。Iさんに、「じゃあ、あとでみんなにやるかどうか聞いてみてくれる？」と伝えました。教室に戻ってから、Iさんが「先生が、葉っぱが土になるって言ってたんだけど、やってみない？」と伝えると、「別

にやらない」と言っていたDさんも、仲間の気持ちを感じ取って「じゃあ、実験してみる」となり、全員で取り組むことになりました。

とはいえ、腐葉土づくりのノウハウがないため、「どうやったら腐葉土ができるのか、先生もよくわかっていないから、みんなも調べてきてくれる？」

朝のお知らせコーナーで腐葉土のつくり方を話すMさん

と伝えました。すると、Mさんが保護者が書いてくれた「腐葉土のつくり方」をみんなに話してくれました。その紙には、材料として、落ち葉、米ぬか、容器、水があげられ、米ぬかの代わりとして、油かす、鳥の糞、野菜や果物のかす、お茶の葉っぱ、コーヒーのかす等が書かれていました。大変ありがたいことに、その紙は１年生の子どもでも読めるようにひらがなで書かれていました。保護者の心配りが感じられ、あたたかい気持ちになりました。米ぬかや油かすを知らない子もいましたが、子ども達が調べていきながらわかっていけばよいと思っていたので、補足説明はしませんでした。

必要な材料がわかると、子ども達は「持ってくる！」と意欲を見せました。この情報は、「Google Classroom」で保護者にも伝えました。すると、何日も経たないうちに、何人もの子が、材料を持ってきました。また、米ぬかを持ってきたEさんの保護者は、米ぬか

米ぬかを持ってきたEさん

が学区にある無人精米所で、無料で手に入ることをメモして渡してくれました。保護者には、どの活動でも本当に協力をしてもらっています。

第 1 章
時間割に捉われない授業の実際

情報を共有していることも、保護者が協力してくれることにつながっていると思いますが、何よりも子どもが夢中になってやりたいことを共に支えていることが、保護者が教育活動に間接的に参加していることにつながっているのではないかと思っています。この本で実践報告をしている、どの活動でも、子どものやりたい気持ちを支える教師と保護者という構図が共通してあり、学びが学校の中だけでは終わらないということが、こうした保護者の協力の背景にはあるのだと考えています。

朝の会でどんなものなのかがわかると、周りの子達が必要な物をメモする姿が見られました。必要だと思ったことをメモする習慣は、さまざまな活動を繰り返す中で身についてきました。決してメモの強制はしません。子どもが自分に必要だと思ったことを書くからこそのメモだからです。

保護者が書いてくれた材料の中には、なんと「ミミズを入れてもよい」と書いてあり、それを聞いた子ども達は、驚いていました。それに触発され、「博物館」活動で活躍していた虫好きの子ども達が、休み時間にミミズ取りを開始しました。そんな中、Bさんが「ミミズのいる場所」をメモしてきてくれました。朝の会で情報が共有されましたが、「知ってる！」と言う子でも、学校の中ではそれがどこの場所なのかまで

ミミズのいる場所をメモしてくれたBさん

はわからないため、やりたい子ども達だけで、ミミズ探しの活動がスタートしました。

ある日の20分休み、子ども達は校舎の裏庭が日陰で湿っていて、ミミズがたくさんいるのではないかと気づき、探しに出かけました。もち

ろん、私も腐葉土プロジェクトを成功させたいという一心で、一緒に参加します。虫捕り大好きな子ども達は木の根元の土をシャベルで掘り返してミミズを探しました。私は数人の子と一緒に側溝の網を取り外してミミズを探しました。

子ども　ミミズ7匹目！
Oさん　ミミズ8匹目！　むっちゃでっかい！　むっちゃでっかい！ごうすけ先生！　むっちゃでっかい！　見て見て！
（興奮して大きな声で言い、ミミズを教師に見せに来る。）
（作業をしていた他の子ども達も駆け寄ってくる。）
教師　おぉー！　本当だ！　すごい！
（私は探せど探せど、なかなかミミズを見つけられないため、心底すごいと思っている。）
子ども　このミミズ元気！
Oさん　だって、俺が見つけたんだもん！（自分の手柄だと自慢げに）
（20分休み終了5分前の予鈴がなる。）
子ども　先生、昼休みもやろう！
全員　エイエイオーッ！
Oさん　昼休みも頑張るぞー！　ねえ、先生も言って！
教師　昼休みも頑張るぞ！
全員　オー！
（帰りの会（金曜日））
教師　明日と明後日、ミミズを取りに行く人いる？
子ども　俺行ける。
子ども　でも、明日雨だよ。

ミミズ探しをする子ども達

第1章
時間割に捉われない授業の実際

子ども	雨でも傘さしてれば大丈夫だよ。
子ども	先生も来る？
教師	先生も、行けたら行くね。

　手に入れたミミズの数は、約40〜50匹にもなりました。腐葉土をつくるプロセスの中で、子ども達が1つの目標に向かって心を通わせて、みんなで結束・連帯していけるようなかかわりがいくつもありました。そうした仲間との相互作用そのものが、子どもの学びなのです。

▷▶ 学び方が学ばれている

　腐葉土をつくるためにたらいに落ち葉と必要な材料を入れて混ぜ、最後にミミズも入れました。それを90Lの黒いゴミ袋を二重にしたものに入れ、日当たりのよい場所に置きました。学校長には許可を得て活動をしていますが、全校児童は1年5組が腐葉土づくりをしていることを全く知りません。いつの日からか、黒いゴミ袋が8つ置かれて不思議に思っていたことと思います。

腐葉土をつくる子ども達

そこで、子ども達に、「誰にも何も言わずに腐葉土の黒いゴミ袋を置いていると、全校のみんながこれは何だってなるかもしれないんだけど、どうしたらいいかな？」と問うと、これまで「香川水族館」や「教室表示プロジェクト」など、さまざまな活動をしてきた子ども達は、「ポスターを書いたらいい」「チラシを配ったらいいんじゃない」「放送で伝えたらいいよ」など、これまで自分達が経験してきたことにもとづいて、

解決方法を考える姿がありました。こうした子ども達の姿から、これまで子ども達はリアルな状況の中で、課題が生じたときにどうしたらよいのか、解決の方法や学び方を学んできたのだということが再確認でき、うれしい気持ちになりました。

書かれたポスターは、腐葉土の袋の近くに掲示しました。あとは、時間が経って葉が分解されていくのを待つばかりです。朝の会では、定期的に腐葉土がどうなっているのかを心配する声があがっていました。私が混ぜて中の様子を見ていたため、「まだだよ」「もう少しだよ」と伝えて、子ども達を安心させながら、待つ日々が続きました。

腐葉土が入った袋とポスター

▷▶ 完成した腐葉土をどうしたいか、自分で決める

3月下旬に腐葉土が完成しました。まずは、腐葉土を子ども達に感じてもらいたいと考えて、触ったり、匂いを嗅いだりする活動を行いました。

子ども達に「完成した腐葉土をどうしたいのか」を尋ねました。すると、「全校のみんなにあげる」「花の育ちが悪い人にあげる」「香川の森に還す」「自分で持ち帰る」「次の1年生にあげる」などが出てきました。ここまでは想定していた内容だったのですが、ある子から「お花屋さんに渡す」という発想が出てきました。お花屋さんに置いてもらって、売るという考えです。どうしてこの発想が出てきたのかというと、別の学年からの情報を得ていたことが考えられます。

第1章
時間割に捉われない授業の実際

この日の朝、3年生が総合的な学習の時間で、地域のお店の宣伝をポスターに描いて貼り、そこへ行くと3年生作成のステッカーがもらえるという活動のちらしを配っていまし

た。その情報を聞いていたからか、「お花屋さんに置いて売る」という発想が出てきました。子どもの中では、周囲で起こるさまざまなことが学びであり、そこで学んだことがこの発言へとつながっていたのだと考えられます。子どもは自ら得た情報を、活用することができないかと常に考えて生活をしています。「探究・協同のサイクル」で小学校生活を過ごしていたからこそ、常に自分達の活動に活かせるものはないかと考える子どもの姿につながったのです。

▷▶ **学年が変わっても学びは続く**

新年度（2023年度）が始まってしばらくしてから、昨年度（2022年度）の子どもが教室にやってきました。すると、「はい。先生、これ」と手紙をくれました。中身を読んでみると、新1年生に「腐葉土を使ってください」というメッセージでした。昨年度、新1

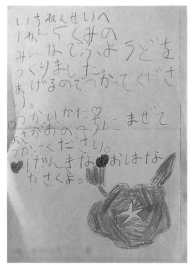

新1年生にあてた手紙

年生にあげるという考えをもっていた子ども達は、個別に袋詰めするのではなく、香川の森に腐葉土を混ぜておき、そこから使ってもらうようにしていました。

　計画したのはいいものの、新年度が始まってしまいました。私は今年度（2023年度）も1年生を担当しているので、私から学年メンバーに伝えようと考えていました。そんな矢先、昨年度の子ども2名が、新1年生への手紙を書いてきてくれたのです。この腐葉土プロジェクトは学年をまたいでの活動となっており、私も初めての経験でした。店で売る活動については、私がけん引しなくてはいけないと思って少しずつ進めていましたが、新1年生にあげる考えをもっていた子ども達が、活動をつないで自主的に手紙を書いて持ってくるとは思ってもいませんでした。この2人の子ども達の思いを私だけにとどめておくのはもったいないので、この子ども達には、他のクラスの新1年生担任に直接渡しに行くように伝えました。2人は、手紙を渡すことができて、とても満足そうな表情を浮かべていました。腐葉土を使ったあと、写真とともに、昨年度の子ども達に報告をしました。それを知ったとき、ようやく子ども達は、「やってよかった」と、学ぶことの意味を実感することができたのです。

新1年生担任に手紙を渡す子ども

▷▶ **現実の世界は、実に厳しい**

「お店で売る」と考えていた子ども達の思いをどのように成就しようかと考えていたところ、3月末に、学区にある商店街のお花屋さんが、マルシェのような形で出店者を募集していることをSNSで知りました。

第 1 章
時間割に捉われない授業の実際

2ヵ月に1回開催しているらしく、子どもの出店者も募集していました。マルシェがどのような感じなのかを知ってから主催者のお花屋さんに依頼をしようということで、新年度が始まってから、有志メンバーでマルシェを訪れました。マルシェは日曜日の開催でしたが、7名ほどの子どもと保護者が参加してくれました。ひと通りお店の様子を見て雰囲気を感じ、ここで出店するかどうかを相談しました。

オーナーさんに話す子ども達

　子ども達は、出店したいという思いをもっていました。私が「主催者のお花屋さんに、なんて言おうか」と尋ねると、みんな考え込んでしまいました。そこで、いつも通り、子ども達から出てきた言葉を紙に書いて整理していきました。いざ、お花屋さんにいって勇気を出して話してみましたが、オーナーさんではありませんでした。オーナーさんがいるところまで移動して、仕切り直しです。子ども達は緊張しながら、つくった腐葉土をお店で売りたいということをしっかり伝えることができました。もちろん、主催者の方には事前のアポはとっていません。ですから、状況を飲み込むまでに少しだけ時間がかかりました。そして、「腐葉土を売るためには、土の検査をして、リンや窒素とかの成分が基準を超えていないと売ることができないんだよ。それを表示しなきゃいけないんだ。まあ、1回だけなら売ってもいいかもしれないけど」という答えが返ってきました。子ども達も私も、言葉を失ってしまいました。これまでのプロジェクトでは、校内の教師や上級生は、自分達の意図を汲んで受け入れ、活動を展開することができた経験があり、今回もすんなりとうまくいくだろうと思っていたからです。

「わかりました。ありがとうございました」と、その場をあとにした私と子ども達は、「どうしたらいいのだろう」と肩を落としていました。土の検査は、どこで何をどうしたらできるのか、予算がいくらかかるのか、時間はどれくらいかかるのか等、全くの未知です。そこにチャレンジするのは、あまりに無謀です。子どもと一緒に参加していた保護者にも、何かいいアイディアがないかを一緒に考えてもらいましたが、なかなか解決策が見出せませんでした。

途方に暮れる子ども達

　もし、売ることができたら、売り上げは、出店料や腐葉土を入れる袋と表示シール代として使い、残りはお花を買って学校に飾れたらいいなと考えていました。しかし、売ることができないとなると、どうしたらよいのか、わからなくなってしまい、しばらく時間が経過しました。よい取り組みをしているのに、出店して赤字になっては、もったいないと思い、私が「募金はどうか」と提案しました。子ども達の活動に賛同してくださる方に募金をしてもらうことで、何とか出店にかかる費用だけでも賄うことができないかと考えたためです。子どもも保護者も、それならいいのではないかとなりました。リアルな状況では、時に、厳しさが伴い、それを乗り越えることも、大事な学びとなるのだと学びました。

▷▶ **本当のリアルとは　地域の活動に参加することの可能性**

　私は、小学校のコミュニティをよりよくしていくことに参加するという意味で、リアルな生活上の文脈で実践してきました。しかし、そこでのリアルは、教育の場として、あたたかく見守られている学校というコ

第1章

時間割に捉われない授業の実際

ミュニティにおけるリアルなのだと気づきました。現実社会のリアルは、より厳しいものなのだと実感しました。だからこそ、私も子どもも保護者も、どうしたらうまくいくのかを共に悩み、考え、行動していく当事者として参加する必然性と必要性が生まれます。

今回の腐葉土プロジェクトで、地域の商店街のマルシェに参加することは、この1回だけで終わろうとは考えていませんでした。ここで接点をもつことができたら、子ども達がそれぞれの学年でこのマルシェに参加していくことができ、よりホンモノと出会い、学ぶことができる可能性があります。子どもが参加すれば、保護者も参加します。そうすると、商店街や地域全体が活性化していく可能性も広がります。参加の仕方は、絵を描いて展示する、つくったものを売る、ごみの学習としてフリーマーケットをする等、多種多様に考えられます。そうした可能性を抱いて、あれこれと思いを巡らせることは、実に面白く、私はわくわくしています。小学校というコミュニティへの参加だけでなく、地域のコミュニティへと参加していくような実践を、今後も考えていくのが、たのしみです。

▷▶ **腐葉土づくりでの学びはどこにあるのだろう？**

腐葉土をつくることの意味も、大変意義深いと思って実践していますが、その結果として腐葉土が完成し、上学年で、例えば、6年生理科で「生物どうしのかかわり」を学習する際、土壌生物の食物網（分解者が食べて細かく砕き、消費者の死骸や排せつ物が植物の栄養になる）について、腐葉土づくりの意味がよりよくわかることにつながったり、2年生の栽培活動の意欲へとつながったりすることが期待できます。

この腐葉土づくりの意味がわかるのは、もっとあとになるのかもしれません。今は、その種まきとなる豊かな経験をする時期なのだと考えています。そして、その経験の中には、腐葉土をつくるプロセスの中での、

133

豊かなかかわりによる学びがたくさんあります。学ぶ意味があったかどうかは、子ども達が「やってよかった」「たのしかった」と心から思えるときにじんわりと感じるものなのだと思います。仲間と協同で腐葉土をつくる活動に取り組んで、「あぁ、疲れた」「できたー」「どうする？」「こうしようよ」等と１つの物事に遊ぶように参加して、やり遂げた達成感を共に味わうことが、子ども同士の関係性を深め、言語化できなくても全身の感覚で学んでいるのだと思います。小学校の時期には、こうした学びをできるだけ増やしていくことが大切なのではないでしょうか。

【実践9】子どもの感性を拓く「氷のアート」

　生活科の学習では、季節の移ろいを感じる学びが大切です。春には、いろいろな花の色をクレヨンで描いたり、秋には芋の絵を描いたりと、それぞれの季節で感じたことを絵に表す活動をしてきました。本校は、関東の南岸にある学校であるため、めったに雪が積もることはありません。ですから、冬ならではの自然を感じる遊びをどうしたらよいのか、頭を悩ませていました。そんな折、知り合いの幼稚園では、氷に色をぬって遊んでいるという話を聞きました。ちょうど、この冬は数年に一度の大寒波が押し寄せてきたので、チャンスだと思いました。まだ一度も取り組んだことのない活動なので、うまくいくかどうかはわかりませんでしたが、たのしくなりそうな予感があったため、思い切ってやってみることにしました。

　家庭科室にある洗濯用のたらいを20個ほど出して、水を溜め、葉や花などの植物を入れました。私も子ども達も、初めての活動なので、その後、どのようになっていくのかは未知でした。たらいの水を準備した翌日から、毎朝、子ども達は教室に入るなり、「先生、まだ氷できてなかっ

第1章
時間割に捉われない授業の実際

た！」「早くできないかな」「いつになったら、氷ができるのかな」などの声が聞かれました。冬と言えば、寒くて嫌というイメージがありますが、たらいの水を準備してからというもの、子ども達は毎日たらいの水が凍っているかどうかが、たのしみで仕方ないという感じでした。そして、もっと寒くなることを願っていました。氷ができて、活動が成功することを祈りつつ、自然のことなのでどうしようもなく、待つしかありませんでした。

　ようやくそのときが来ました。朝、子どもが教室に入ってきて、「先生、凍っていたよ！」「やったー！」という喜びの声が聞こえました。いつも通り、朝の会のお知らせコーナーをしていると、多くの子が我先にと手をあげています。氷ができていたという発見を自分の口からみんなに伝えて活動を始めたいという思いがあふれていました。ある子が「氷ができていました」と話すと、ほとんどの子が「あー、言われた！」と言っていました。私が「やっと氷ができたね！　じゃあ、氷の遊びは今しかできないから、これからやっちゃおうか！」と言うと、全員「イェーイ！」と大喜びです。

　後期から、毎週休み明けの月曜朝に子ども達と時間割を決めていた予定があるのですが、そんな計画よりも、今の子ども達の熱を帯びた状態のまま行うほうが、子ども達の意欲が高まり、活動も充実します。何より、氷はそのときにしか使えないため、やらざるを得ません。この活動をやろうと思ったときから、いつ氷ができても、できたときに氷のアートの

活動を行おうと考えていました。そのことは子ども達には言いませんでした。みんなで考えた予定を変えるかどうかは子どもの判断によるものでもありますし、予定を変更してまで自分達がやりたいと思ったことが優先される経験をすることが、子ども達の意欲を高めることには必要だと考えたからです。

　いざ、氷を持つとなると、子ども達はとても慎重です。割れないように持ち上げると、あまりの冷たさに、持っていられずに手を放して割ってしまう子もいました。周囲からは、せっかくの氷がもったいないという視線が注がれます。しかし、誰も責めたりはしません。そうしたかかわりの中で、どうしたら割らずにできるのかを互いが考え始めたり、氷を割ってしまった子の気持ちを感じ取ったりするのです。手に持つと、氷越しに顔

を覗かせて楽しむ姿が見られました。事前に入れておいた草花もとてもいい感じで氷と一体化しています。氷が大きかったため、私が取り出して、活動が始まりました。

　絵具と筆を準備して、あとは、好きなように色を塗って遊ぶよう、子ども達に伝えました。具体的に何を描くかは、ほとんど指示しませんでした。私自身も、氷に絵具で絵を描いたらどうなるのかが未知であり、子ども達がどのような活動を展開していくのかが予想できそうでできな

第 1 章
時間割に捉われない授業の実際

かったからです。どんな子どもの姿が見られるのか、ワクワクしながら学習活動がスタートしました。

　子ども達は、好きな色を選び、好きな塗り方で、氷に色をのせていきました。氷の上の絵具は溶けながら混ざり、マーブリングのようなきれいな色合いが出ました。ねらってできるものではない、偶然できる色と形が表れました。そこに、草花や氷の結晶・模様が相まって、とても素敵なアートになりました。そして、この氷のアートには、作品の完成というものがありませんでした。子ども達の氷を見て回りながら「うわー！　おもしろいね！」と声を掛け、再び同じ子の氷を見ると、先ほど見たときとは全く違うものになっていたのです。

　子どもにとっては遊びなので、失敗も成功もありません。とにかく自分がやりたいと思う通りに納得のいくまで色をぬっていきます。私が、いいなと思ったところで、子ども達の活動が終わるわけではありません。ですから、私が「そこまでにしよう」と作品の完成を告げることはありません。私個人の感覚として、さっきの作品のほうが

よかったかなと思うこともありましたが、子どもにとっては氷一面に色を付けたら終わりということではなく、さまざまな色の重なりや混ざり方をたのしんで、常に更新していっている感じでした。私が、「これがいいからそこでおしまい」と、一定の尺度や基準を示さず、子ども達が、

自分が思うままに筆を走らせて色を重ね、たのしく遊んでいたからこそ、子ども達の感性が拓かれていったのではないかと思います。

　また、時間設定にゆとりをもたせ、氷のアートに満足した子ども達がある程度自由にできる時間にしたこともよかったのではないかと思います。本当は、幼児教育で行われているように、さまざまな環境を設定して、自分で場を選んでそれぞれが活動に参加していくような学び方がよいのだと思いますが、小学校の担任1人で、30人～40人を見るとなると、一斉に取り組ませなくては、授業が成り立たなくなってしまいます。その中で、できるだけ、全員が満足のいくように考えると、1・2校時という長い時間を設定して、飽きてしまった子は自由に駆け回り、とことん取り組みたい子にはその時間を確保するという、緩やかで弾力的な時間を設定していくことが大切なのではないかと考えました。

　初めて行った活動でしたが、冬を感じながら、冬ならではの活動に取り組む中で、子どもの感性が拓かれていくのを目の当たりにして、幸せな時間を過ごすことができました。

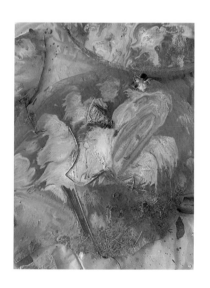 

第1章
時間割に捉われない授業の実際

　こうした子どもの姿やアートな作品と出会う瞬間が、教師としての喜びとなります。そして、「また今日のような子ども達の姿と出会いたい。そのような姿はどうしたら現れるのか」「次は何をしようか」と、たのしみになります。今年度の私の実践は、このような不確実性の中で、「たのしくなりそうだからやってみる」「うまくいかなかったら柔軟に改善していく」という繰り返しの中で生み出されてきたのだと思っています。

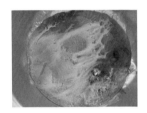  

【実践10】幼稚園交流から見える「教師の実践知」

▷▶ 本物との出会いから学習活動が始まる

　本校では、コロナ禍の前まで、学年末の時期に近隣の幼稚園児と交流する機会が設けられていました。今年度（2023年度）は、制限を設けて一部再開することができました。といっても、園児が小学校の授業を参観するだけという制限があったため、これまでのような交流はできません。園児と交流する活動は、1年生にとっては、自分達の1年間を振り返って自分の成長を確認して、2年生のお兄さんお姉さんになる意識をはぐくむという意味があります。園児にとっても、小学校への期待を膨らませ、顔見知りの友達をつくることで少しでも不安を軽減できるため、意義があります。せっかく園児が小学校に来るのに、何もしないのでは、意味がありません。直接交流ができなかったとしても、できることはあるはずです。幸い、来校する幼稚園は、私が茅ヶ崎市調査研究委員とし

て研究のために以前訪問したことがあり、それがきっかけで交流をした
ことのある園でした。副園長先生とつながっていたため、園児と１年生
の交流について相談をしました。その中で、子ども達が１年間のたのし
かったことを思い出しながら、小学校のことを教えたいという気持ちを
もって交流活動がスタートできるよう、副園長先生から私のクラスの子
ども達にお手紙を書いてもらうことを依頼してみました。すると、快く
引き受けてくださり、手づくりの手紙を書いてくれました。子ども達が
学習活動を始めるとき、こうした「ホンモノ」との出会いは大切です。
公立の小学校では、慣例として園児との交流が行われるところも多いと
思いますが、通常は、「園児が来るから、何をしようか？」と、教師の
提案から活動が始まることが多いです。活動そのものが面白いため、子
ども達は乗ってくるとは思いますが、授業の学習活動は、すべて教師が
決めて、教師と共に教材ややるべきことがやってきて、それを行うだけ
となってしまう可能性があります。しかし、今回実践したように、本物
のお手紙で「小学校の楽しいところを教えて」「園児が小学校を楽しみ
になったらいいな」といったメッセージを受け取ることで、子ども達は、
活動の意味や意義、必然性がわかり、自らやりたい気持ちをもって活動
をスタートさせることができます。教師が「これをやりましょう」といっ
て活動を始めるのと、幼稚園から本物のお手紙をもらってそのお願いに
応えていくのとでは、その質に大きな違いがあることは歴然です。

▷▶ 授業の号令は、いらない！　本物との出会いが子どものやる気を誘発する

　本物が準備されていたり、子どもにとって学ぶ意義や意味が見出され
るような内容が準備されていたりすれば、授業の始まりの号令は、いり
ません。始まりの号令をしたから学習活動へと思考を切り替えられると
いうのは、まやかしです。静かになったとしても、自分が生きることに

第1章

時間割に捉われない授業の実際

かかわっていかない内容であれば、思考が他に向いていたものを一時的に我慢しただけで、本時の授業内容へと切り替わるわけではありません。言葉には力があるため、「授業を始めます」と、口に出して言うことで、脳が「よし、始めるぞ」と、なるかもしれません。しかし、これは受動的、義務的で、子どもの主体的な学びの始まり方ではありません。「始めます」と言わなくても、子どもが前のめりになって、「もう始まってしまっている」状態が理想的だと考えています。

　授業が始まるとき、子ども達はまだ休み時間の遊びの延長上で、テンションが高く、授業へと切り替わっていませんでした。座ることや話を聞いてほしいことを伝えながら、緩やかに授業へと誘うようにします。完全に静かになりきる前に、「みんなに届いているものがあるんだ」と伝えると、子ども達は一気にこれまでの活動を思い出して、予想を立て始めます。「クリーンプロジェクトだ！」と言う子が多くいました。「クリーンプロジェクト」は、公園で拾ったごみをどうするのかを4年生に教えてもらう予定でいて、保留にしていた活動でした。子ども達は、常に自分達が今、どんな学習活動を継続しているのかを考えているのです。これは、1年生のはじめから、毎日「今日はどんな楽しいことをしようか」と学校生活を始めたり、時間割をみんなで決めていったりしているからこそ出てきたものでもあります。一般的な授業では、あてずっぽうの予想が出てくるのだと思いますが、私のクラスでは、常に網の目のように学習活動がつながっていくようにカリキュラムを創っていっているため、根拠のある予想が出てきたのです。「クリーンプロジェクトだ！」という子どもからのたった一言の反応でしたが、とてもうれしい発言でした。それを多くの子たちが立ち上がったり、大きな声で言ったりしながら、多くの子が「そうだ、そうだ」と言っている姿がありました。始まりの号令がなくても、子ども達は一気に学習活動へといざなわ

141

れていきました。

▷▶ 話を聞くことの意味を問う

　興奮した子ども達の声がなかなか止まない中、私は「クリーンプロジェクトじゃないんだ」と話しました。自分が思いついたことを言いたい気持ちが抑えられない子ども達は、ずっとしゃべっていて、私の話を聞いていません。私の話を聞こうとしている子も、友達の声にさえぎられ、聞き取れている子は多くありません。そんな中、Mさんが「今、先生がクリーンプロジェクトじゃないって言っていた」と言いました。すると、一気に「えっ、違うの？！」と静まり返りました。ざわざわとしている中でも、子ども達は、自分にとって必要な情報を取捨選択しながら聞いているのです。授業者としては、本当は全員に対して、自分の言いたいことばかり話していては、大切な情報を自分も友達も聞き逃してしまうため、静かに私の話を聞いてほしいという気持ちをもっています。しかし、子どもの言いたい気持ちを抑えて、場を制して、話を聞かせてしまうと、教師の意図に反して、子ども達は自分を自由に表現してはいけない場なのだと、誤った理解をしてしまう可能性があります。これでは、子どもが安心して感性と感覚を働かせて内側から湧き起こってくる言の葉が出にくくなってしまいます。ですから、直接、「静かにしなさい」「今は、先生が話します。聞いてください」等と伝えなくても、緩やかな発話の中で、誰かが大事なことを聞いてそれが全体に伝わっていくという形でもよいと考えています。

　そうした授業の中で、子ども自身が「やっぱり、自分が話したいことを好き勝手に話していては大事なことを聞き逃してしまうことがある」ことに気づいていくことが大切だと考えています。もちろん、すべての活動は話を聞くことから始まるため、「話を聞いてほしいな」「聞いてく

第1章
時間割に捉われない授業の実際

れるとうれしいな」「大事なお話があるんだけど、聞いてくれる？」といった言葉で子ども達をいざないながら、話を聞くことの指導は日常的にしていきます。できるだけ子どもが聴きたくなる内容を準備して、緩やかな発話の中で他者を感じて話を聴こうと子ども自身が判断して行動できることを目指していきたいです。「静かにしなさい」と言わなくても、「クリーンプロジェクトでなければ、何なのか？」という問いが子どもの中に生まれると、シーンとなって教師を共同注視する、食い入るような姿勢で話を聴こうとする様子が見られるのです。

▷▶ **本物は、子どもの「やりたい！」を誘発する**

幼稚園の先生からの手紙は、私の想像を超えるものでした。この手紙があれば、子ども達は絶対にそれに触発されて「やりたい！　教えたい！」と次から次へと考えがあふれ出てくると期待しながら授業を進めました。読むだけでも内容が伝わると思いましたが、手づくりの手紙には、幼稚園の先生の心と魂がこもっているため、実際に見せたいと考えていました。本物から感じることが絶対にあるはずだと思

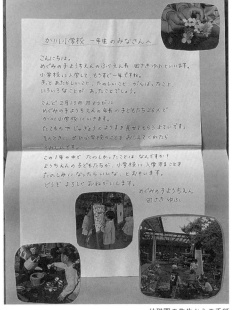

幼稚園の先生からの手紙

い、子どもに見せようと考えていました。でも、「手紙が届いているから見せるね」では、子どもは受け身になってしまいます。ですから、「お

手紙が届いているんだけど、見たい？」と尋ねることにしました。子ども達は、もちろん「見たい！」と興奮気味に言いました。

　些細なやり取りですが、常に子どもの意志を確かめながら進めることは、一緒に学習活動を創っていくうえでは、大事なことです。何より、少しもったいぶることで、子ども達の意欲が、グンと高まります。教師が与えるのではなく、子どもがどうしたいかを聞きながら進めなくては、子どもが主体的に学びに向かうことにはつながっていきません。子どもの意志と意欲、子どもを尊重して、丁寧に声を聴き、それに応じていくことが、人と人とがかかわって物事を進めていくときに大切だと考えています。授業も、そうした営みの１つなのです。手紙が子どものやる気を誘発して、活動が生み出されていくという期待と見込みをもって、早く手紙を読んで次に進めていきたい気持ちが先走りそうになる自分がいます。しかし、それをぐっとこらえて、子どもの声を聴いていくことで、子どもは本物にいざなわれて、自然と目指している方向へと進んでいきます。本物を準備することと、教師が自分の思いをもちつつも、常に子どもの声を聴いていくことが大切なのです。

▷▶ 授業中の児童指導をどうしていくか

　手紙の画像を見せながら、内容を読み進めていくと、途中の段階で、ある子が「えっ、えっ、えっ！？」と言い始めました。この子は、私が「幼稚園生が小学校の授業を見に来ること」を読むよりも前に、画像に映っている手紙の文章を読んでいたのです。完全に活動に入り込んでいます。さらに手紙を読み進めました。幼稚園の子が来ることを読んで伝えると、クラス全員が「えー！」と大声で喜びました。そして、互いに顔を見合わせました。授業の様子を見せてもらいたいという内容を読み上げると、誰かが「いいよ、いいよ！」と話すのに続けて、次から次へと他の子ど

第1章

時間割に捉われない授業の実際

も達がそれに呼応するように「いいよ！」と言い始めます。すると、「じゃあ、〇〇さん、静かにしなきゃ。先輩なんだからちゃんとしなくちゃね」と厳しい声が聞こえました。言われている子は、先ほど手紙の内容を先読みしていた子です。落ち着かないこともありますが、それはみんなお互いさまで、むしろ、この時間は誰よりも集中して手紙の文章を読んでいました。私は「何でそういうことを言うのだろう」という思いをもって、厳しい指摘をした子を指導しようかとも思いましたが、「ここで指導すると、言われた子がより傷ついてしまうかもしれない、指導することで周囲から注意されてしまうかもしれない、両者にとって今とがめて指導しては、いいことがない」と判断しました。教師がガツンと指導していなくても、その発言があったとき、一瞬にして場が静まり、それは言ってはいけないんじゃないかという空気が流れました。厳しい指摘をした子は、そういう空気を感じている様子もありました。ですから、あえて、取り上げて指導することをしないことにしました。時と場合、状況、一人ひとりの子どもに応じて、授業の中で児童指導をする場合と、あえて様子を見る場合があります。どの選択が正しいのか、絶対はありません。少なくとも、2人の子は、気持ちをうまく切り替えており、全体の場も、その発言に引っ張られ過ぎることなく、授業が展開されていったので、よかったのではないかと思っています。

　授業中の児童指導については、本当に難しいです。日々、そのときどきの状況に応じて、指導する立場としてではなく、その場に居合わせた一人の人間としてどのように振舞うのか、かかわるのかを問われ、試行錯誤を繰り返しています。手紙を読みながらも、子ども達の声や表情、動きを見て、その瞬間に、どのように応えていくのがよりよいのかを、子ども視点で考えていくように心がけています。

145

▷▶ 子どもは、教師の想定を超える

　この授業は生活科として位置づけて行われた活動です。本時の目標は、「小学校入学前の幼稚園児の気持ちを想像したり、小学校のことで伝えたいことを考えたりする」です。期待と不安をもっている園児が、どうしたら小学校を楽しみにできるのか、1年前の自分を振り返って気持ちを想像したり、この1年の小学校の楽しいところを思い出したりして、何をどのように伝えたらよいのかを考えました。

　手紙を読み終わってから、「小学校の楽しいところを教えてほしいって言われているのだけど、どうする?」と子どもに問いかけると、「いいよ」「独楽のこと教えよう!」「〇〇さん、たし算とか引き算とか教えてあげたらいいじゃん(子ども達は互いに好きなことや得意なことをよく知っている)」等、子ども達がつぶやきます。そんな中、Mさんは、はじめの段階から、「小学校は自分で学ぶところだから」とつぶやいていました。周囲の多くの子が、「教えてくださいって言われているんだよ」と説得しようとしても、「そうだよ」とは応えるものの、すっきりとしない様子です。Mさんは、物事をよく考えている子で、いつも熟考して話をしています。「自分で学ぶところ」という発言は、本質を捉えています。私は、正直そこまで考えていませんでした。多くの子ども達と同様に、手紙で「小学校のことを教えてください」と言われていたら、「教えたい!」となると考えていました。Mさんの発言を聴いて、確かにその通りだと思いました。しかし、Mさんの思いを尊重しながら、どうやって「園児に小学校のことを伝える活動」へとつなげていけるだろうと悩みました。

　そこで、Mさんの考えを活かしながら、うまく進められないかと考えました。私は「そうだよね。来てから学ぶところだから、最初に教えないほうがいいって言うのはその通りだね」と共感する姿勢を見せました。すると、それまで「教えたほうがいい!」の一点張りだった多くの子た

第1章

時間割に捉われない授業の実際

ちが、「そう言われてみれば、そうかもしれない」と、Mさんの考えを
受け入れ始めました。教師が共感的に聴いて全体にかえしていくことで、
どんな考えでも、安心して出せるようになっていきます。こうした意見
の多様性は豊かさでもあり、自分が考えもしなかったことに気づき、他
者の意見から学んで、互いに尊重することにつながっていきます。こう
した話し合いのプロセスの中で、子どもは教師の想定を超えた発想を出
していき、学んでいます。「小学校は自分で学ぶところだから、教えな
いほうがいい」という意見は、「園児の気持ちを想像する」という目標
をより深いレベルで達成することにつながっていると考えられます。

　こうした本物を準備して、教師が共感的に聴いて共によりよいものを
目指していこうとしていると、ゆうにそれを越えたより深い学びへと向
かうことができます。学習指導要領の目標だけを見て、気持ちを想像す
ればよいとなると、不安な気持ち、楽しみな気持ちなどが考えられたり、
伝え方を考えるとなると、手紙や発表などが考えられたりしますが、そ
れは低次のレベルでの目標達成です。本当に園児のことを思ったら、M
さんのように「小学校は自分で学ぶところだから教えないほうがよい」
という発想になることも理解できます。より深く園児の気持ちを想像し
ていることがわかります。

　また、私はMさんが、これまでの自分の経験で、「小学校生活は自分
で学ぶところなのだ」と認識していることがわかり、この発言が、今年
度の私の実践の何よりの評価になると思い、うれしくなりました。1年
生でここまで考えることができるのは、とてもすごいことです。生活科
の目標だけに収束されない、子どもと教師とのかかわりの中に、学びが
内在していることが、このエピソードからわかります。

　その後、子ども達に園児に伝えたい「小学校の楽しいこと」を尋ねると、
遊具で遊ぶ、こま遊びをする、漢字の学習、教室表示プロジェクト等が

147

出てきました。Mさんは、「教室表示プロジェクトは、１年５組しかやっていないから、それを教えると入学してから同じことをするわけではないから、悲しくなっちゃう」と話しました。私は、「１年５組さんって、他のクラスがやっていないことをいろいろやっているんだよね。教室表示プロジェクトのたのしさとかいいことを伝えても、園児たちが小学校に入ったときに同じことをするわけじゃないから、がっかりしちゃうんじゃないかなっていう心配をMさんは、してくれているんだね。確かにその通りだね。そこは難しいね。どう考えていったらいいかな。よく考えてくれているね」と話しました。Mさんの中では、一貫して、園児が入学してから自分で学んでいくことが大事にされているのです。

　また、期待だけもたせて実際にはやらないとなると悲しんでしまうと、自分達が伝えたあとの園児の気持ちを深く想像して発言をしているのです。Mさんの発言は、まさにその通りです。私は、授業デザインをする段階では、１年５組が独自に取り組んでいる学習内容をたくさん伝えたら、園児が小学校を楽しみになると考えていました。しかし、子どものほうがうわてで、より深く物事を考えていたのです。教科の目標を越えて、Mさんの人間としての相手を思いやる気持ちに感動した瞬間でした。

▷▶ **ゆるやかに授業の方向性を軌道修正する**

　子ども達から出てきた園児に教えたい内容に「小学校のルール」がありました。私は、小学校のルールを教えるのは、園児が小学校を楽しみになるという目標から離れてしまうと感じました。小学校はルールがたくさんあって、それを守らないといけないということを教えることは、園児にとって小学校ってルールが多くて嫌だなというマイナスな印象を与えかねません。それを伝えることで逆効果となる可能性があります。そのため、板書はしますが、それ以上は触れず、話題を切り替えました。

子どもが言ったことを何でも深く聴いていけばよいということではありません。子どもの発言を認めて受け入れつつ、自然な形でこの活動で大事にしたいところへと方向性を軌道修正していくことが大切なのです。

▷▶ **関係性の中で、自分の考えを自己調整したり、認められたりして学ぶ**

　私は、活動を始めるときに、必ず子ども達の意思確認を行います。子どもがやりたいと思っていないことを進めると、子どもが自分事として参加することが難しくなるからです。この授業でも、園児に教えるかどうかを子ども達に問いました。多くの子が「教えたい」と言っていましたが、私は、Mさんにも確認しました。「さっき、小学校は自分で学ぶところだから教えないほうがいいって言っていたけど、どうする？」と問いかけました。すると、「まあ、いいかな」と答えます。この「いいかな」は、周囲の多くが教えたほうがいいという意見だったため、それを感じての判断で、完全に納得したうえでの意見ではないと、私は理解しました。Mさんの中では、すっきりとしないものがあるのかもしれません。でも、Mさんがその後の話し合いで、園児に何をどのように伝えていこうと考えていくのか、楽しみでもありました。

　どの活動をスタートするときもそうですが、全員が100％賛成でやりたいことを進めていけるのは稀です。子どものやりたい気持ちを引き出せるように授業デザインを工夫していても、なかなかに難しいものです。一般的な授業は、子どもがやりたいかどうかを問わずに、教師と共に教材が教室にやってきて、有無を言わさずに学習活動が始まっていくことが多いと思いますが、私がチャレンジしているのは、子ども達の学習意欲を引き出して、全員のやりたいことをできるだけ保障しながら学習活動を展開していくことでもあります。対話を重ねて仲間の考えがわかったうえで、自分の気持ちに折り合いをつけて、合意形成を図ってい

くことで、クラス全員で同じ方向を向いて学習活動を進めていくことができます。

　園児の気持ちを想像して、どうしたら小学校が楽しみになるのかを考える際、近くの人と話をするように投げかけました。Ｚさんは、「○○さんと幼稚園が一緒で、小学校も同じだから、うれしかった」と話してくれました。それに共感して、「そうだったんだね。誰か一人でも同じ園から友達がいると安心だしうれしいよね」と伝えました。「あとでみんなにも今のお話を教えてくれる？」と伝えると、Ｚさんは立ち上がって踊り、自分の考えが認められ、いいことを思いついた喜びを表現していました。すると、それを見た別の子が、「Ｚさん、絶好調になっているよ！」と反応します。話し合いの中で、よりよいアイディアを思いつくことも大事ですが、こうした友達の姿への敏感さとかかわりの中で、その話し合いそのものがうれしくてたのしい営みなのだと感じました。このような、人と人とが互いを感じとりながらかかわり合い、新たなものを生み出していくことをたのしみ、新たな自分や他者へと気づいていくプロセスの中に、学校だからこその学びが内在しているのだと言えます。

▷▶ 子どもの声からスタート期に必要な教育内容を考える

　４月当初、不安から教室に入ることができないＨさんがいました。今は、友達もたくさんできて安心して楽しく学校生活を送っています。園児の不安な気持ちに寄り添って、何をどう伝えたら不安な気持ちが和らぐのかを考えるのも、本時のねらいの１つでした。ですから、本当は、Ｈさんに４月当初のことを思い出してもらって、そのときの気持ちを話してもらったり、どうしたら不安な気持ちが和らいでいったのかを尋ねていったりしたいと思っていました。しかし、全体交流の場で当時の気持ちを話すのは、もしかしたら苦しくなってしまうのではないかと考え、

第1章

時間割に捉われない授業の実際

Hさんにピンポイントで尋ねることはしないことにしました。

　全体では話はしませんでしたが、Hさんがどうやって乗り越えたのかを知りたくて、グループで話し合う時間に個別に尋ねてみました。すると、やはり不安な気持ちがあったようでした。どうやって乗り越えたのかを尋ねると、友達ができたことが大きかったようです。小学校は、さまざまな幼稚園や保育園を卒園した子ども達が集まります。本校は大規模校であるため、いろいろな環境で育った子ども達がクラスの中にいます。4月は、学習規律や勉強よりも、いかにして子どもが自然な活動の中で心を通わせ、関係性を構築していくかが大切なのだと、子どもから学びました。教師や友達とのかかわりの中で、心理的な安全が保障されて、はじめて自分を拓いて表現していくことができるのだと学びました。

▷▶ 子どもの中に入り込んでかかわり、授業展開を構想する

　グループで話し合いをしているとき、全員が一生懸命に本時の話題について話してほしいと思っています。しかし、中には別のことをしてしまったり、ふざけてしまったりする子も出てきます。そういうとき、すべての子どもに一斉指導で注意をしていくと、一瞬は静かになりますが、だからといって、思考がアクティブに働くとは限りません。場の雰囲気も悪くなってしまいます。教師は全員のことを見て指導していくわけですが、注意の目で見ていると管理的になり、子ども達は息苦しくなって自己を表しにくくなります。教師も、注意することばかりに気をとられてしまうと、子ども達の話し合いに参加して、考えを引き出すことができません。

　ですから、多少ふざけている子がいてうるさくても、私は、個別に子どもの声を深く聴いていくことのほうを大切にしています。子ども同士で話し合うことで、深めていける場合もあるかもしれませんが、教師が

151

それぞれの子どもの特性を理解したうえで、丁寧に言葉を聴いて、問い返していくことで、子ども同士だけでは引き出せなかった内容が出てきて深まります。子どもは自分の内側から言葉が湧き起こってくる感覚を味わい、話すことがたのしくなります。ここでの私は、教師という立場を越えて、一人の人間として「この子はどのように考えているのだろう」と、たのしみながらかかわる存在です。また、私自身も、「園児に何をどのように伝えたらいいのか」を子どもと一緒に考えています。授業時間には限りがあるため、全員の話を個別に聞くことは、もちろんできません。しかし、何人かの子どもの思いを深く引き出せるように、話し合いに入り込んでいくと、その後の授業展開を構想することができます。どの子に話を聞くのかは、その授業によって異なります。今回は、園児に小学校のことを教える内容であったため、どちらかというと、同じ園から来た子が少ない子どもの気持ちを引き出したいという意図がありました。今回、見学に来る園児も26人のうち本校に入学予定の子どもは2人で、おそらく他の子ども達も、入学した小学校では少数となることが想定されたため、そうした園児のことを考えた活動にしていきたいと考えていました。何人かの話を深く聞いたあと、全体共有を行いました。どの授業でも共通しますが、全体共有では、私が介入した子ども達は、ほとんど手をあげます。私に話すことで思考が活性化して伝えたいことが明確になったり、共感的に受け止めてもらえた安心感から自信をもったりすることが、授業への積極的な発話につながっているのです。

　私は意図的に小グループでの話し合いで、同じ園から1人しか友達がいなくて不安だったHさんを指名します。しかし、Hさんは1人で発言できないかもしれないので、1人を指名するのではなく、「その辺りで話していた人、教えてくれる？」と指名しました。

第1章

時間割に捉われない授業の実際

教師 　Hさんは、1年前どんな気持ちだったんだっけ？

Hさん 　不安

教師 　何が不安だったんだっけ？

Hさん 　お友達

教師 　Hさんは、〇〇さんしか園の友達がいなかったんだって。ってことは、それ以外の人は、はじめましてなんだよね。

Hさん 　そう

教師 　だから、友達ができるかなって、不安だったんだよね。

（Aさんの気持ちを察したBさんがAさんを支える声掛けをする。）

Bさん 　私、一番最初に友達になったのは、Aさん。

教師 　どうしたら不安な気持ちなくなったんだっけ？

Hさん 　なんて言ったっけ。忘れちゃった。

教師 　忘れちゃった？　じゃあ、思い出したら教えてね。

　子ども達は近くの人との話し合いの際、教師が1人の人間としてかかわっているときの語りと、一斉にクラス全体に発表するときの語りでは異なることが多くあります。小グループでの話し合いの熱量と内容の深みをそのまま全体に共有することは、難しいものです。どの授業でも起こり得るものです。教師との1対1では、どんどん考えていたことが引き出されていたのに、全体となると、忘れてしまうことも多々あります。「思い出したら教えてね」と伝えることで、Hさんは、一生懸命にさきほど私と話していた内容を思い出そうとします。

　たいていの場合、少し時間が経ったあとにちゃんと思い出します。もちろん、私は小グループの話し合いに参加しているため、内容を把握しており、必要に応じて、ヒントになる言葉を「ほらほら、さっき〇〇の

153

こと話してくれたやつ」といった感じで伝えます。そうすると、子ども
も「あぁ、そうだ。思い出した」となっていきます。子どもの発言を聴
いてから、私が「○○さんが言っていたことはこういうことなんだね。
伝わった？」と補足することで、内容が伝わるようにしています。

　他の子ども達の話を聞いている間に、話す内容を忘れていたＨさんが
「思い出した！」と言いました。その声が聞こえてきたら、他の子が手
を挙げていても、すぐにその子を指名します。思い出したときの子ども
の表情は生き生きとしており、言いたい気持ちを成就させてあげたいと
考えるからです。

▷▶ 話を聴くときの教師の立ち位置

　話し合いは、全員が前を向く形の座席で行いました。コロナ禍で、従
来のコの字型の座席で子ども同士が向き合って席をつくることができな
かったためです。低学年という発達段階もありますが、全員が前を向い
た状況では、子どもは教師に向けては話しますが、クラスの友達に伝え
ようとする意識が薄れます。話を聞いているほうも、自分に言われてい
るという感覚が薄れ、全体共有をしても、自分が伝えたいと思っている
ことが相手に伝わらない状況が生まれてしまいます。

　この授業の中でも、話そうとしている子は一生懸命に話して、教師も
一生懸命に聴こうとしますが、全員が話を聴く状況ではありませんでし
た。注意を促すことも必要ですが、子どもと教師の１対１の関係を抜け
出すには、私が子ども達の中に入って、クラスの一員になることが必要
なのではないかと咄嗟に考えました。そこで、話し手の対角線上の遠い
位置で、かつ、そのとき話を聴く姿勢が整っていない子の近くに私が行
き、しゃがんで話を聴くことにしました。

「先生は、いつでも○○さんのお話を聴く準備ができているよ。他のみ

154

んなはどうかな？」と、発言する子に尋ねると、発言する子は周りの子の様子を見たり、「お話ししてもいい？」と尋ねたりします。私は、発言する子に向けて話をしながらも、全体への指導も含めて、先ほどの言葉を発しているため、周りの子ども達も聴く姿勢を整え始めます。こうしたかかわりの中で子ども達が気づき、考えて聴く姿勢が取れるようにしています。

▷▶ 授業は混沌で終える　〜学びに向かい続けていくには〜

授業の最後に、次のようなやり取りをしました。

教師　園児は2月何日に来るんだっけ。

子ども　13日

教師　よく覚えているね。2月13日まで、まだ時間があるから、来週1週間時間があるね。だから、その中で、みんなで話し合って決めていこうね。ただ、最後に1つだけ残念なお知らせがあるんだ。

子ども　えっ、何？

教師　コロナ前はみんなが考えてくれたみたいに遊ぶことができたんだけど、今回はそういうことができません。

子ども　えー

教師　だから、そんな中でもできることはないかっていうことを来週に考えてやっていこうと思います。

子ども　どうしたらいいの……。

私は、あえて最後にコロナ禍で園児との直接のかかわりに制限があることを子ども達に告げて授業を終えました。これは、授業前から計画していたことでした。子ども達は、本時の話し合いの中で、園児と直接か

かわることを想定しており、遊びの案も出ていました。しかし、現実にはそれをできないという困難な状況に直面したとき、子ども達はどのように反応し、どう乗り越えていくのかという期待がありました。また、この子達なら、きっと何かいいアイディアを考えてくるはずだと思っていました。授業の最後に問いで終わる混沌とした状況をつくることで、子ども達は「どうしたらいいのか？」という問いが自分の中に生まれ、何とかしようと考えます。学校での学びは、1時間の授業と学校という場だけで完結しがちです。授業の終わり方を工夫するだけで、学校での学びが放課後の時間や家庭へとつながっていきます。そして、そこで考えてきたことが、次の活動へとつながっていくのです。こうした循環を生み出していくことで、子どもの思考と活動が継続してつながり、時間割を自分達で決めて学習活動を展開していくことにつながっていくのです。

先ほど、「小学校は自分で学ぶところだから教えないほうがいい」と言っていた子、園児とかかわれずにどうやって小学校の楽しいところを伝えるのかを家で保護者と一緒に考える子など、この活動に教師や友達、保護者と一緒に参加することで、教科の目標以上に、主体的に学びに向かったり、何とかしようと対話したり、困難な状況でも前向きに乗り越えていこうとしたりと、自分が今をよりよく生きていくときを充実させていくことにつながっていました。

▷▶ 子どもの学びはつながる　学ぶ意味を実感する

話し合いの結果、幼稚園児が安心できる言葉を手紙に書いて届けたり、子ども達の中でその時期に流行っていた独楽回しを見せたりすることになりま

ゴッドアイを持つ子ども

第1章
時間割に捉われない授業の実際

した。また、ゴッドアイをつくってプレゼントすることになりました。ゴッドアイは、「クリーンプロジェクト」の際、枝を捨てずに活用してつくることができるということで、4年生が教えてくれたものです。子ども達の中では、自分達の学びが常に次の活動へとつながっていっているのだと感心しました。

幼稚園児との交流の数日後、1年5組の子ども達に手紙が届きました。そこには、「1ねん5くみのみなさんへ

幼稚園児と交流する子ども達

ほんとにおてがみありがとう」というメッセージと「独楽、手紙、ゴッドアイ」の絵が描いてありました。園児からの手紙を受け取った子ども達は満面の笑みを浮かべていました。「やってよかった！」が実感された瞬間でした。

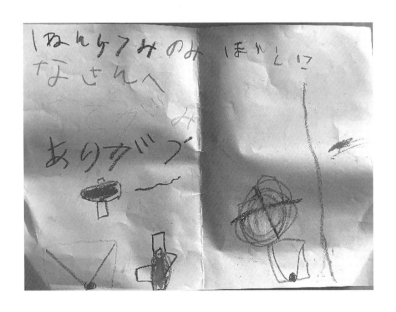

【実践11】人とのかかわりをコーディネートする

▷▶ みんなでたのしい学校(コミュニティ)をつくる

　学校での学びの主体は、子どもです。ここでいう学びは、単に教科書の内容をプリント学習で「できる」ということではありません。子ども達がたのしい学校をつくろうとする中で、人とのかかわりが生み出され、どうしたらよりよい学校になっていくのかを仲間と対話しながら生みだされる学びです。そうした人とのかかわりを紡ぎ、つないでいく（コーディネートする）のが、教師の役割だと私は考えています。ここまでご紹介してきた実践の中でも、【実践2】アサガオを育てる（P.46）で理科専科教員とつなげたり、【実践3】教室表示プロジェクト（P.60）や【実践4】香川水族館（P.86）で、全校児童や教師とつなげたりすることなどをお話ししてきました。

　ここでは、「場の環境がどのような子どものかかわりを生み出すのか」、また、「環境としての教師には、どのような役割があるのか」、そして、「学年交流は子どもに何をもたらすのか」をお伝えしていきます。

▷▶ 場の環境が、どのような子どものかかわりを生み出すのか
(1) 場の環境としての「教室」

　教室の左後方には、二畳ほどのスペースソフトマットを敷き、その周りにカプラ、本、おはじき、けん玉、お手玉、独楽、かるた、ゴム跳び紐、ぬり絵、画用紙、色画用紙等を準備して、安心してのんびりと遊べる空間をつくっています。その環境があること

教室後方の遊べる空間

第 1 章
時間割に捉われない授業の実際

で、子どもが主体的にモノとかかわり、遊びの中で自然に仲間との対話が生み出されると考えたからです。

　右の写真は、カプラとおはじきで遊んでいるところです。子ども達は、カプラでつくったお皿に色ごとにおはじきを入れて遊んでいました。私が、「そろそろかたづけようか」と伝えると、子ども達は「片づけは、次にトマト、それからきゅうり、それから……」と色ごとに野菜や果物の名前を付けて片づけている姿がありました。子ども達は、モノを介しながら、野菜や果物をしまうというリアルな状況を自分達でつくり出しながら、片付けを行っていました。これは片付けであっても、遊びそのものです。こういった場をつくることで、こうした子どもの姿が日常的に生み出されていきます。そこでのかかわりが、授業時間での子ども同士のかかわりの基盤となっていくと思っています。だから、ここでの遊びは、休み時間の余暇もしくは娯楽ではなく、「遊び＝学び」そのものなのだと言えます。

(2) 場の環境としての「教室配置」

　本書の冒頭でお伝えした通り、本校では「1年生と6年生」「2年生と5年生」の教室が隣同士交互に配置されています。この教室配置にすることで、子ども同士の自然なかかわりが生み出されていくのではないかと、通知表をやめる前から取り組み始めたものです。

6年生と一緒に掃除をする子ども達

159

6年生はいつも教室に入ってきて1年生とかかわっています。学校に来てからの準備や帰りの支度、給食や掃除等、基本的な小学校の生活について、一緒に取り組んでくれ、優しいまなざしに囲まれて過ごすことができています。面白いのが、1年生も6年生も互いに相手を「友達」と言っているところです。縦割り活動というと、上下関係があるようにも思えますが、子ども達は対等な人と人のかかわりをしているところが面白いところです。

　右の写真は、水筒のお茶をこぼしてしまった場面です。6年生は「どうしたの。大丈夫だよ」と1年生に伝えて、雑巾で拭いてくれています。こうした姿を前に、1年生は6年生のあたたかさに触れ、自分もそうなりたいという思いをもつことが期待されます。入学

こぼしたお茶を一緒に拭いてくれる6年生

当初からの継続的なかかわりは、間違いなく、子ども達の安心感につながっています。

　それ以外の学年の子でも、私のクラスは自由に教室に入って遊べるよう、入室を許可しています。新年度は2～6年生にとっても、新しいクラスで不安を抱えています。ですから、2～6年生の子ども達にとって新学期に、1年生の子どもと触れ合える環境を求めて、教室に入って話したり遊んだりする時間は、とても大事だと考えます。2～6年生の様子を見ていると、1年生から頼りにされて居場所となっている様子がうかがえます。新しいク

6年生になつく子ども

第1章

時間割に捉われない授業の実際

ラスに慣れることの妨げになるのではないかという心配もあるかもしれませんが、夏休み明けには、休み時間に1年生の教室を訪れる2～6年生の子ども達の数は減り、たまに顔を出すくらいになります。子ども達は、1年生との時間を満喫すると、そのうちにたくましくなっていくのです。

　教室内の環境や教室配置という場を工夫することも大切ですが、教師が「子どもにとって何が大事なのか」を問いながら教室という場をより柔軟に考えていくことが求められているように思います。

　このように、1年生の子ども達は、在校生という人とのかかわりの中で生活をスタートすることにより、安心して自分のことを出せる土台がつくられていきます。子ども達から「やりたい！」が出てくるもとには、こうした「人とのかかわりを通した安心感」があります。一緒に遊んだり、次の日の約束をしたり、手紙を書いて渡したり、困ったときがあったら助けてもらったりと、そこでのかかわりが、「明日も学校に行きたい！」という動機づけになっていくのです。私の実践は、こうした在校生の1年生へのかかわりに支えられてスタートしたと言えます。同時に、小学校入門期の1年間で、学校で共に過ごす人のあたたかさに触れることは、「自分もこうなりたい！」という、これからの目標となり、たのしい学校生活を自分達でつくっていくモチベーションになると思っています。

▷▶ 環境としての教師には、どのような役割があるのか

　よりよい学校をつくる1人として教師がいます。子どもの思いや願いの実現をサポートすることと同時に、自らがたのしいと思うことを提案して参加していくことが、子ども達との生活を豊かにしていくことにつながります。

(1) たのしいと思う遊び「じんとり」を提案する

　私は、4月の仲間づくりの柱として、全員で遊ぶ「じんとり」を大事にして取り組んでいます。「じんとり」とは、2チームに分かれて、それぞれ陣地を決めて行う鬼ごっこのような遊びです。ルールは、まず、相手の陣地に入ってタッチされると捕まってその場に座
ります。そして、仲間にタッチしてもらえたら、再び逃げることができます。制限時間内に相手の陣地においてある宝を多く自分の陣地に持ってくることができたチームの勝利となります。活動は、「香川の森」といわれている木々が生い茂っている場所で行うため、木が障害物となって逃げやすくなったり隠れたりでき、遊ぶ環境に適しています。

　各チームには5つずつ宝（体育で使うカラーマーカー）を置いておき、勝敗を決めるときは、「赤チームは3個でした。白チームは何個でしょう」と問題を出して、算数の10の合成の学習をしています。はじめはルールもわからず、やったこともない遊びなので、子ども達からは「やりたくない」が出てきますが、何回かやってみると、その面白さにふれ、朝の会のお知らせで多くの子が「じんとりやりたい！」となっていきました。はじめの頃は、自由に遊べる時間とじんとりの時間をバランスよく組み入れて行うことで、少しずつ集団で遊んでその中で自然と仲間との関係を築いていけるようにしました。活動をするときは、必ず、始める前に、チームごとに相談時間を設けています。はじめの頃は、全く話し合いにならず時間が経過して、無計画のまま遊びが始まっていました。次第に遊びに慣れ、いろいろな活動の中で子ども同士の関係性が築かれていくことで、話し合いの質が高まっていきました。9月の活動の子ど

第 1 章

時間割に捉われない授業の実際

もの様子をお伝えします。

《第 1 回戦じんとり開始前》

子ども　じゃあ、速い人だけ（宝を取りに）向かって、あとは取りに行くのが少ないほうに。

子ども　じゃあ、私と〇〇さんと〇〇さんは、守りでいい？

子ども　いいよ。これでいい。

子ども　じゃあ、余った〇〇さんと□□さんは、あっちでいい？

子ども　〇〇さんと□□さん、よろしくね。

（ある子が、宝を背にして手を広げるよう指示を出して、他の子ども達は真剣に話を聞いている。遊び開始後、その話を聞いていた子ども達が、作戦通りに宝を守る姿が見られた。）

《第 2 回戦じんとり開始前》

子ども　やっぱりだめ。

子ども　じゃあ、誰守る？

（ある子が手を挙げる。別の子も守りをやりたそうにその場にいる。）

子ども　じゃあ、（守りを）4 人にしよう。だって、さっき同点だったじゃん。

子ども　人数が多すぎても取られなくなるから大丈夫だよ。

子ども　じゃあ、4 人にしよう。

子ども　私、じゃあ守り。

《じんとり終了後》

子ども　こうやって（宝のすぐ近くで数人が両うでを広げて守っている）守るのは、ずるいよ。（相手チームに抗議する。）

子ども　だって、じんとりだから。

子ども　だからって、こうやってしたらだめだよ。

（ずるいと思っている守り方を見せながら）

163

子ども 頑張っているからいいんだよ。

1年生であっても、やりたくなって真剣に取り組んでいるときは、仲間とたくさん話してどうしていくかを考えたり、仲間の話を聞いたりして、ルールについても厳しい目でとらえて確かめていく姿が見られます。チームごとに思いを共有していくことで、一体感が生み出されていきます。

このように、子ども達が夢中になって真剣に楽しめることを教師が提案していくと、子ども達は、「次は先生からどんなものが出てくるのか」を楽しみにするようになります。また、遊びの中で協力したり、喜びや悔しさを分かち合ったりしながら、少しずつ仲間関係が構築されていきます。こうした、人とのかかわりが、「仲間がいるから学校がたのしい」となっていくのです。

(2) 子どもと一緒に「独楽をたのしむ」

私のクラスの子ども達が夢中になって遊び、子ども同士のかかわりが深まったのは、何といっても独楽遊びです。1年生は、生活科の学習の一環として独楽遊びを行いますが、昔遊びとしての体験的な要素が強く残っています。しかし、昔遊びが今もなお残っているのには、意味があります。それは、「子ども達をいざない夢中にさせるだけの本物である」ということです。体験で終わるにはもったいないのです。私は、いつでも子ども達が集まって独楽を回してたのしむことができるよう、場の環境をつくりました。それが、独楽場です。独楽場（90cm×90cmの板）をつくって教室に置くと、休み時間にはクラスの多くの子ども達の遊び場となりました。参加人数が増えすぎてしまったため、もう1枚独楽場を追加しました。朝休み、中休み、昼休み、多くの子どもが「3・2・1・ゴー」

第 1 章
時間割に捉われない授業の実際

の掛け声と共に独楽を回します。最後まで残った人が勝利となります。はじめの頃は、回せる子だけが参加していましたが、回せずに悔しい思いをして何度も練習していた子が回せるようになり、ほとんどの子が参加するまでになりました。そこには、子どもと教師のあたたかなかかわりがありました（詳細は【実践13】子どもの「やりたくない！」をどう乗り越えるのか（P.181）参照）。

そうしたプロセスを経て、独楽場を参加者全員で囲み、みんなで「3・2・1・ゴー」と掛け声をかけて、一体となっている感覚が、私はとても好きです。子ども達も、きっと同じ感覚なのだと思います。勝ち負けにもこだわりますが、みんなで一緒にたのしくなっている一体感が、なんとも心地よく、「またやりたい」「もっとやりたい」気持ちになっているのだと思います。

▷▶ **学年交流は、子どもに何をもたらすのか**

この実践の冒頭でお伝えした通り、子ども達はよりよい学校（コミュニティ）をつくる活動に参加していくことで、さまざまな人と対話して学んでいきます。学年やクラスで分かれ、教科の学習内容がある公立学校の枠組みの中でも、他学年と一緒に活動をつくることは可能です。ここでは、3年生・4年生と一緒に取り組んだ活動をご紹介します。

(1) **3年生と「独楽をたのしむ」**

1年生では、生活科の学習の一環として独楽遊びをします。私は、独

楽回しを仲間づくりの柱にしたいと考えていました。そこで、3年生に独楽の種類や特徴、回し方等を教えてもらえないかと考え、私が手紙を書いて依頼しました。3年生の国語科では、「こまを楽しむ」（光村図書）という説明文の学習があるため、1年生に独楽の説明文を書くことで、3年生の学習活動がよりリアルな状況の中で行われて、学びが深まるのではないかと考えたからです。3年生が書いた説明文は、1年生にもわかりやすい工夫がたくさんされており、どちらの学年にとってもいいことしかありません。

(2) 4年生と一緒にSDGsに取り組む

生活科で学区探検をしたあと、「来たときよりもきれいに」を合言葉に、ごみ拾いをしました。私が「クリーンプロジェクトが始まっちゃったね」と言うと、子ども達は「ごみ拾いをやりたい！」と言って、学校に戻ってからも、休み時間に、校内のごみを拾って集める活動が始まりました。子ども達が「拾ってきたごみは、どうするの？」と言ってきたので、私が「いろいろ入っているごみをそのまま捨ててもいいのかな？」と尋ねると、子ども達は「分けるんだよ」と言います。すかさず「どうやって分けたらいいか、知っている？」と尋ねると、「んー、

ごみ拾いをする子ども達

第1章
時間割に捉われない授業の実際

よくわからない」と言います。「よし、きた！」と思い、「そういうときはどうしたらいいかな？」と尋ねると、調べたり、人に聞いたりすればいいというアイディアが出てきました。私が、「4年生が、ごみのことをお勉強するって聞いたことがあるな。4年生に聞きに行ってみる？」と問いかけました。すると、聞きに行きたい人が続出しました。じゃんけんで担当を2人にしぼり、休み時間に聞きに行きました。しかし、4年生の学習は、まだ先になるということで、学習が終わったら教えてくれることになりました。

それ以降、どの活動でも、子ども達は外に出るとよくごみを拾い「クリーンプロジェクトだよ」と報告に来てくれる子がいました。1単位時間ごとの授業としてクリーンプロジェクトは行っていなくても、子どもの意識ではずっとつながっており、活動が行われていたのです。

4年生の担任に質問をする子ども達

4年生が、ごみの学習をしたあと、教室に来てくれました。SDGsについて動画を作成したり、分別のポスターをつくったりして、ごみや環境問題の解決について教えてくれました。私は、ごみの分別だけを教えてくれるものだとばかり思っていたので、ここまで準備をして発表してくれるとは思っていませんでした。また、木の枝（剪定枝として捨てられる枝）を使ったゴッドアイも教えてくれ、その後にクラスでも取り組むことになりました。ごみの分別を1年生に教えるという状況の中で、「4年生の子ども達の意欲がすごかった」と4年生の担任が話してくれました。

このように、既存の枠組みの中でも、よりよい学校にしていく活動に参加していけるように人とのかかわりを意図的に設定していくことで、

互いにとって、学びがよりリアルな状況で展開されていくことが期待できます。誰もやっていない実践を自分からつくることはたのしいことですが、限られた時間の中で生み出すことは、なかなか難しいものです。しかし、教科書の内容を手掛かりにして、別の学年とかかわりながら、学校をよりよくしていく活動をつくるのは、今すぐにでも取り組むことができるものだと思っています。

1年生にごみや環境問題について教えてくれた4年生

【実践12】子どもに身につけさせたい学習習慣とは〜宿題を問う〜

　前述の通り、私のクラスでは朝の会で、子ども達のお知らせコーナーがあります。子ども達は、自分の身の回りの生活で起きていることや気づいたことをクラスの仲間に話します。学校での学習がきっかけとなっている内容もあれば、それとは別の内容もあります。とにかく、自分がみんなに伝えたいことがあったら、話せる機会があります。

　すべての内容が授業につながるわけではありませんが、子ども達がアンテナを高くして、自分の興味関心に基づいて、誰からも強制されることなく自由意思で、気づいたことや調べたこと等を話します。「教室表

示プロジェクト」のひらがなへの気づきのように、内容によっては、それがそのまま活動へと展開されることもあります。自分が気づいたことから授業が始まる経験を積んでいくと、気づいたことを話したくなります。ですから、子ども達は我先にと手をあげてお知らせコーナーで話したがります。

「学び」は授業だけで完結するものではないと考えると、授業をきっかけにして、家庭に帰ってからも考え続けること、授業と休み時間・放課後の境目がないことが理想的です。ですから、私は、「子ども達に自分が興味関心をもったことを自分から進んで行うという学習習慣」を大事にしたいと考えています。

　他者から強いられて行う宿題は、子ども達に「勉強は徹底的に反復練習するものだ」と誤った学習観を植え付けてしまいます。もちろん、一定程度反復練習をすることで、主に知識・技能を測るペーパーテストはできるようになるかもしれません。しかし、それで本当の学力が身に付いたと言えるのでしょうか。子どもは、本来、知りたがりで、やりたがりです。そのやる気スイッチをオンにして、主体的に学びに向かうことのできる子ども達をはぐくんでいくことが大切です。そして、「何でそれを学ぶのか」という学ぶ意味がわかり、同時に、学習内容の意味がわかることを目指していきたいと考えています。

　ここでは、いくつかの例をもとにしながら、宿題の在り方を考えていきたいと思います。

▷▶ 子どもは、本来、「知りたがりで、やりたがり」

　後期に入って、漢字の学習が始まりました。学年で市販の漢字学習ノートを購入することは学年で決まっていましたが、子ども達に漢字の意味を絵から学んでもらいたいと考え、授業ではプリント学習を行うことに

しました。そうなると、漢字学習ノートを授業中に一斉にやっている時間はありません。そこで、子ども達には、漢字学習ノートは、やりたいときにやりたいだけ取り組んでよいことを伝えました。すると、子ども達は「イェーイ！」と喜び、学校に来てからの朝休み、授業の合間、給食を食べ終わったあと、休み時間、放課後家に帰ったあと等、一生懸命に集中して漢字の学習に取り組む姿が見られます。

子ども達には、「休み時間は、のんびりと休んだり、自由に遊んだりしたほうがいいよ」と伝えますが、休み時間にやりたくなって取り組む子どもが何人も出てきます。

給食を食べ終わったあと、漢字学習に取り組む子ども

誰がどこまで漢字学習ノートを進めているのかがわかるように名簿の一覧をたまに掲示しています。すると、子どもに、より一層やる気スイッチが入ります。誰かと比べて競う必要は全くありませんが、やればやった分だけ進んでいくことをモニターすることは、自分の学習を自己調整するうえで大切です。

漢字学習ノートは、定期的に提出を求め、私が丸つけをして、間違いがある場合は付箋を付けて、直さなくてはいけないため、適当に書いて進めることはできません。そのため、丁寧にじっくりと書く姿が見られます。早い子は、２週間足らずで、漢字学習ノートを終えた子もいました。終わった子には、「漢字学習ノートが終わったら、それでおしまいじゃないよ。書いた漢字が自分のものになって読んだり書いたりできることが大事だよ。全部の漢字を読んだり書いたりできている？」と、半ば挑発的に聞くと、その子は「練習する！」と言って、ノートにたくさんの漢字を書き始めました。子どものやりたい気持ちを大事にすると、こんなにも力が発揮されるのだと驚きました。

第1章
時間割に捉われない授業の実際

　一方で、漢字学習ノートがなかなか進まない子もいます。強制はしませんが、私は「今、みんなは日本で生きているから、漢字を読んだり書いたりできたほうがいいよ」と子ども達に伝えて見守っています。もしかしたら、やる気がないわけではなく、別のことをやることに夢中になっていて、やる時間を確保できていない可能性もあるため、そうした子ども達のために、授業時間に漢字学習ノートに取り組む時間を不定期で設定しています。

　教室表示プロジェクトの際は、子ども達がひらがなを書く必要性があって、学習活動をスタートさせましたが、そのような状況がなかったとしても、とにかく1年生の子ども達は、漢字を書きたいという気持ちがありました。そうした子ども達のやりたい気持ちを抑え込んで、「漢字の学習ノートは、今日はここまでしかやってはいけません」「今日は宿題でここまでやりましょ

休み時間に漢字学習に取り組む子ども

う」「習っていない漢字は使ってはいけません」など、教師が強制するものではありません。子ども達のやりたい気持ちを大事にして、それを信じて任せれば、子ども達はやり遂げていきます。そして、短期間に濃縮して練習を行うため、はじめのほうよりもあとのほうが断然、字がうまくなっていっていることがわかります。1年生であっても、1年生だからこそ、純粋にやりたい気持ちがエネルギーになって、どんどん取り組んでいくことができます。自分から進んで取り組む学習は、宿題ではなく、学びそのものです。

▷▶ 計算プリントの宿題は、必要？

　私は、たし算とひき算などの計算プリントを宿題として出していませんでした。ところが、ある子が「宿題で計算プリント出して！」と私にお願いしてきました。私は「何で？」と尋ねました。すると、「えー、ただやりたいから」と子どもが答えました。その場では、私の考えは保留しておき、「考えておくね」と話しておきました。教師が準備した計算プリントを宿題として子どもに強いることをしたくないという思いと、子どものやりたいという気持ちをどのように整理していったらよいのか悩みました。ですから、子ども達にその気持ちを伝え、子どもがどのように考えているのかを聴くことにしました。

　「〇〇さんが、宿題で計算プリントを出してほしいと言うのだけど、先生は気が乗らないんだ。みんなは、朝からずっと学校で学習を頑張っているから、お家に帰ったら、好きなことをするのがいいと思っているんだ。お勉強って誰かに言われてやるものでもないと思っているから。でも、〇〇さんが宿題で計算プリントを出してほしいって言っているから、今、とても悩んでいるんだ。みんなは、〇〇さんの言うように計算プリントの宿題出してほしい？」と話しました。すると、多くの子が「宿題を出してほしい」と言いました。「どうして？」と問いかけると、「練習したらできるようになる」「できるようになるとうれしい」などの声が聞こえてきました。それでも私は食い下がります。「でもさ、そんなに練習したいなら、お家で自分から練習すればいいんじゃない？　今の時代、問題集もたくさん売っているし、パソコンで調べたらインターネット上にもたくさん問題も載っているし」と話すと、子ども達は「えー、でも」と言葉をつまらせました。子どものやりたい気持ちも大事にしたいため、「じゃあ、実験的に、本当に意味があるのか宿題を出してみることにする？」と伝えました。すると、子ども達は「イェーイ！」と喜びました。

172

第1章

時間割に捉われない授業の実際

　20問ほどの計算プリントを20種類ほど用意して、約1ヵ月間取り組んでみました。朝、子ども達が登校してくると、何人もの子が「1分もかからないで終わった」「私は5分くらいかかった」「えー、私は15分くらい」など、子ども達が自分の出来具合を話していました。そんな話を聞いて、私は子ども達に、「なんだ、たった5分くらいで、できちゃうのだったら、やらなくても大丈夫なんじゃないのかな」と、子どもに問いかけます。すると、子どもは困った表情で、「いいの。やりたいの」と言いました。「やりたいなら、いいけど。やらなくても大丈夫なんじゃない?」と伝えました。

　その後、準備した分の計算プリントを終えました。表向きは、宿題としていましたが、子ども達に問いかけて、やりたい気持ちを確かめてから取り組んだため、教師が与えているようで、子どもが自分で取り組んでいるものとなりました。多少、計算スピードも速くなったようでした。子ども達は、どこかで、誰かに与えられて、宿題をやることで、教師や保護者に認めてもらいたい気持ちがあるのかもしれないと思いました。誰かに言われて取り組むほうが、自分で考えて取り組むよりも楽なのかもしれません。そのように考えると、本当に身につけさせたい学習習慣は、単なる反復練習ではないと思います。宿題が絶対的に悪ではないとは思いますが、その意義や意味を教師、子ども、保護者で共有していくことが、今後求められているのだと思いました。

▷▶ **家庭でやってきたことが授業で活かされるってうれしい!**

　私のクラスでは、授業をきっかけにして、子どもが興味をもったことや家庭で調べたり、取り組んできたりしたことを活かして授業を構成していくようにしています。ここでは、いくつかの事例を紹介することにします。

173

(1) くじらぐも

　1年生の国語科と言えば、「くじらぐも」（光村図書）の学習があります。この物語文は、子ども達のアイディアで「劇団」として音楽劇の発表をすることになっていました。青いラシャ紙に綿でくじらぐもをつくり、自分の分身を画用紙に描いて乗せるという、定番の活動を計画していました。すると、ある子が朝の会のお知らせコーナーで、「昨日、竜の雲を見つけた！」と教えてくれました。それを聴いたクラスメイトが、次々に自分が見つけたことのある雲を話し始めました。私は「すごいね。そんなにいろいろな雲を見たことがあるんだね。どんな雲だったか知りたいな。そうだ、くじらぐもみたいに綿でつくってみる？」と提案しました。

綿でさまざまな雲をつくる子ども達

　すると、子ども達は「やったー！」と大喜びです。こういうときは、勢いが大事です。みんなで決めた時間割を変えて、その日のうちに活動を行います。「鉄は熱いうちに打て」のことわざ通り、子どもの気持ちが熱いうちにやることにしました。子どもと決めた時間割に入っていない内容でも、子どもから出てきたもので学習につながりそうなものは、どんどん組み込んでいきます。

　そうすることで、子どもは自分の発想が活かされた喜びに満たされ、家庭でも「他には何かないかな？」と思考を巡らせることにつながっていきます。本来、身につけさせたい学習習慣は、こうした思考の循環なのではないかと思います。自分の中で、気になっていることや疑問に思っ

ていることを考えて行動していくとき、それは宿題ではなく、家庭学習でもなく、学ぶ営みそのものになっていきます。そのきっかけづくりとして学校があると考えたほうが、子どもも教師もたのしいです。

　くじらぐもの音楽劇は、土曜参観で保護者に向けて発表するにとどまらず、全校にも披露したいという思いが沸き起こり、香川水族館のときのようにチラシを配って宣伝して発表しました。香川水族館の経験が、劇団を実現する際にも活かされていったのです。学びのサイクルは、短期的なものだけでなく、このように長期的に次から次へと網の目のようにつながって展開されていくのです。

　これらはすべて、計画通りというわけではありません。その時々の子ども達の声を聴いたり、授業でしかけたりしながら、常にどうしたら子どもがやりたいことが楽しい活動として成就していくかを考えていった結果、あとになって、前に取り組んだ活動が次に活かされることにつながっていっているのです。私自身、今年度と同じことをしろと言われても、全く同じように再現することはできません。私自身もバージョンアップしていますし、次年度の子ども達も違うため、同じようにはいきません。きっとまた、違った実践が生み出されていくのだと思います。

(2) 宿題は「明日、どんなたのしいことをするか考えてくる」

　私のクラスの宿題は「明日、どんなたのしいことをするか考えてくる」です。6月のある日、朝の会で、ある子が「学校は広いから、みんなで

遊びたい」と話しました。私は、「学校は、みんながやりたいことをできる場所なんだよ。だから、たのしいと思うことをどんどん企画していこう」と呼びかけました。子ども達に「どんなことをしたい?」と尋ねると、子ども達から季節の行事がたくさん出されました。1年生では生活科の学習の一環として、季節の行事を学習に取り入れて行うこともあるため、子ども企画で行うのは、自然な流れで活動へと展開していけると思いました。子どもの声を聴いていくと、このように次の学習活動が構成されていくのが面白くてたまりません。教師が全てを計画・準備をして与えなくても、子どもの声を聴いて、カリキュラム上の各教科の学習活動との関連を意識して取り入れていくと、教師主導ではない学習活動がどんどん展開されていきます。

「きかく」は、多くの子どもが活躍するよい機会となっています。七夕の意味を調べて飾りをつくる子、ハロウィンの飾りをつくる子、お正月飾りをつくる子などなど、行事の度に、子ども達は家庭で調べたりつくったりしてきて、朝の会で報告をします。周りの子ども達は、それに触発されて、家庭でつくったり、休み時間につくったりします。時には、子どもがつくったものをそのまま教材として活用して、全体で取り組んでみることもあります。例えば、雛人形を折り紙でつくってきた子の発想を活かして、みんなでつくってみるという活動をしました。このような取り組みをしていくと、その子は、家庭で取り組んできて良かったという満面の笑みを浮かべます。こうした積み重ねが、自主的に家庭で取り組む姿へとつながっていくのです。ここで大事にしたいことは、全員に同じことを課さないということです。これは、興味関心がある子が行うというのがポイントです。義務になったら、このような喜びは生まれません。さまざまな教科の観点で、子どもの感性を刺激して、1つでもやる気スイッチが押せたらよいと考えています。

第1章
時間割に捉われない授業の実際

(3) 夏野菜の収穫

　ある日、2人の子ども達が畑で育てていた夏野菜を拾ったといって教室に持ってきました。朝の会のお知らせで話してもらい、そろそろ収穫時期であることを子ども達は知りました。それをきっかけにして、翌週、子ども達と時間割を考えるときに、夏野菜の収穫を活動に組み込みました。教師から「そろそろ夏野菜を収穫するよ」ではなく、子どもが気づいたことから活動を始めることに、こだわっていきたいです。

　そうすることで、子ども達は、今、自分達が取り組んでいる学習活動について、アンテナを高くしてよく考えたり、見ようとしたり、調べたり、つくろうとしたり、休み時間や放課後の時間にも取り組んでいきます。こうした思考の連続性がないと、授業が1単位時間のぶつ切りで、子ども達は、計画された通りに、教師の言う通りに単元の学習が展開されていくことを待つことになります。そこに、思考のアクティブさはありません。

　「主体性」は、子どもが生活することそのものに、自分を深くかかわらせることで子どもの内側から引き出されます。ですから、ただ夏野菜を拾ってくることだけでも、その子ども達が生活の中で見つけた発見で、夏野菜が気になって見つけてきたこととなり、主体的に栽培活動に参加していることになります。私は、そうした子どもの発見を大事にしていきたいと思っています。

(4) 自分から教科書を持ち帰る

　Mさんは、香川水族館の活動で歌った「うみ」が楽しかったようで、帰りの支度をしているときに、「音楽の教科書を持ち帰って、家でも歌っていい?」と言いました。すると、それを聞いていた数名の子が「私も持ち帰ろう」と言い出します。些細なことかもしれませんが、私はこう

いう子どもの姿を大事にしたいと考えています。もし、教師が歌の練習をしてほしいからと、全員に対して一律に教科書を持ち帰らせていたら、こうした子どもの姿とは出会うことはなかったことでしょう。

(5) 言葉を見つけることを競い合う

　国語科で、「かきとかぎ」のような濁音を見つける学習活動を行っていました。授業中にＺさんが「くりぃん」と「ぐりぃん」を発表すると、ＣさんとＧさんの2人は、悔しそうにしながら、もっと見つけようと、授業が終わったあとも競い合うように言葉をずっと考え続けました。別の授業になっても、濁音の言葉を見つけては合間にノートに書く姿がありました。私も時折、「いいの見つけちゃったー」と自慢気に話すと、Ｇさんは「なにー！（やられたという感じ）」と、Ｃさんは「確かにー（なるほど、それは思いつかなかったという感じ）」とたのしんでおり、2人のやる気に火をつけました。帰りには、ＣさんとＧさんは「俺、家でも見つけてくる」と言い、次の日の朝、「〇個も見つけたー！」と大興奮で教室に入って、自慢げにノートを開いて見せてくれる姿がありました。2人のノートを見たときの私は、「すごいね」「よくできたね」「すばらしいね」等の評価のまなざしによる言葉では声をかけませんでした。「いやー、よくその言葉を見つけたね。思いつかなかったよ」「どうやって見つけたの！」という感嘆の言葉でした。2人はその言葉を受け取り、満面の笑みを浮かべていました。同時に、互いに自分が見つけていない言葉を交流して、認め合う姿も見られました。やりたくなったことに誰かの許可など必要ありません。やりたくなったときがやりどきです。評価の言葉も必要ありません。2人の姿を目の当たりにしたときの自分の感覚をそのまま言葉で表して伝えていくほうが、よっぽど子どもの心に届いていきます。子どもも教師も、状況に入り込みながら、共に探究し、

第1章
時間割に捉われない授業の実際

たのしみ、感情を共有していくことで、関係性が深まっていきます。この積み重ねによって、今までは自分からやりたいと思っていなかったことでも、「やってみようかな」と思ったり、「面白そう」と感じて参加したりして、協同性のわが広がっていくのです。

(6) 子どもが行事をつくる

七夕の時季に、その由来や短冊の色を子ども達に尋ねると、子どもによって言っている内容がばらばらでした。短冊

の色が何色かを話し合っているとき、私が「七夕の曲に出てきていた気がするよ」と言って曲を流すと、多くの子ども達がCDデッキ前に集まって聴く姿がありました（そばにきたからと言ってよく聴こえるわけではなく、場所の取り合いで、むしろ騒がしくて聴き取りづらくなっていましたが）。何回聴いても何色かが聴き取れずにいました。「歌では色の数を〇しきと言っているよ」とアドバイスしてから曲を聴くと我先にと「五しきって言ってた！」と言う声が聞こえてきました。「何で五色なんだろうね」と伝えて、その日を終えると、次の日、ある子が七夕の由来や五色の意味を調べて紙に書いてきました。この子は、みんなの前であまり自己主張をするほうではなく、控えめに真面目に学習に取り組んでいる子です。その子が調べて来てくれて、とてもうれしい気持ち

CDデッキに集まる子ども達

なりました。別の子も、それぞれ七夕と五色の短冊の意味を調べ、みんなの前で発表しました。

　子ども達がやりたいことの中に、ハロウィンやクリスマス等の季節の行事がありました。ハロウィンやクリスマスの時季には、それぞれの行事の意味を調べて紙に書いてきたり、家で折り紙の飾りをたくさんつくってきたりする子が多くいました。朝登校してくるなり「先生、見てみてー」と言って見せてくれる飾りは、どれも手のこんだ素敵なものばかりです。それを見ていると、他の子たちのやる気スイッチも入って、それが広がっていくような感じです。予め私がつくるものを準備しておかなくても、子ども達のほうがいろいろな種類の折り方を知っているので、授業でつくる時間を設けると、何人かの子ども達が、折り方講座を開いていました。自分が得意としていることやできることが誰かの役に立っているというのも、子どもが家でもやってこようというモチベーションになっています。

折り方を教え合う子ども達

(7) 教師が読ませたいものではなく、子どもが読みたいものを

　ひらがなをたのしんで読む習慣を身に付ける一環として、子ども達に「じゅげむ」を提案しました。すると、「家でも読んでくる」と言って、次の日には、あっという間に覚えてきてしまう子が続出しました。小学校では、音読カードが配られて教科書の文章を何度も音読することが課せられることが多くありますが、子ども達は読みたくなったらいくらでも読んで、暗唱できるまでになります。宿題を出すのだとしたら、教師の「こうさせたい。やらせたい」ではなく、子どもがやりたくなってし

まう内容を準備することが大切なのだと、子どもの姿から学びました。

(8) 何年生の何の学習かは問わない

皆既月食の話をした翌日、Qさんが「先生、これ」と言って、皆既月食を時間ごとに観察して絵で表した紙を見せてくれました。その絵をテレビに映し出してクラスの子ども達に見せると、「おぉー」という声がたくさん聞こえてきました。それだけでなく、他の子どもからも、「私も書いてこなかったけど同じように時間をおいて見た」という声がありました。同じ時間と場を共有していなくても、テーマが共通

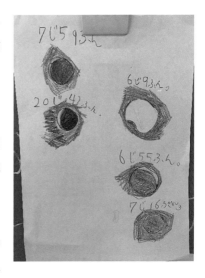

していれば、子ども達は心を通わせて協同していくということがわかりました。互いに、にこりと微笑んでいる姿が印象的でした。

月や星の学習は、1年生の学習内容として位置づけられていません。しかし、自分の生活上の文脈で興味をもって取り組みたくなったものは、学年関係なく学んでいったほうがよいと思っています。こうした体験を積んでおくことで、月と星の学習をする学年になったとき、「あのときのあれ」が実感を伴って理解されていくのだと思っています。

【実践13】子どもの「やりたくない！」をどう乗り越えるのか

▷▶ 子どもが「やりたくない！」を出せるクラス

私は、子どもが「やりたくない！」を出せるクラスがよいと考えてい

ます。この「やりたくない！」が出せないのは、ありのままの自分の感覚を出せていなかったり、教師の問いかけに忠実に応えていくことが自動化されて自分で考えていなかったりするからだと考えられます。そう考えると、子どもから「やりたくない！」が出てくることは、よいことだと思います。しかし、それを子どもも私もどう乗り越えていくのかは、難しいところです。学習指導要領の目標と内容、各教科の教科書がある中、すべての内容ついて、子ども全員が「やりたい！」となるのは難しいことです。教師として、できるだけ、子ども達がやりたくなるような環境を整えていたとしても、「やりたくない！」は出てきます。そういうときに、どうすればよいのでしょうか。

　ここでは、図画工作科、生活科や体育科の実践を例にして、子どもの「やりたくない！」をどう乗り越えたのかをお伝えすることにします。

▷▶ 「やりたくない！」気持ちを共感的に受け入れ、かかわり続ける
(1) サツマイモの絵
　図画工作科でサツマイモの絵を描きました。Lさんは教師が授業の導入で伝えた通りにサツマイモの気持ちと対話して、じっくりと絵に表していました。夢中になって描いていました。色をたくさん重ねながら描き、背景にサツマイモの気持ちを描き表しました。完成した絵は、Lさんがサツマイモ（対象）を見るまなざしが伝わってくるような素敵な作品でした。しばらくしたあと、Lさんは「もうやりたくない！」と言って泣いていました。「どうしたの？」と尋ねると、友達との接触で紙が破れてしまったとのことでした。沈んでいる気持ちが少しでも明るくなるよう、他愛もない話をして笑いを誘うようにかかわりました。その後、「大丈夫だよ。直せるから持っておいで」と伝えると、はじめは拒んでいたものの、しぶしぶ持ってきてくれました。作品の修復後、「タイト

ルの紙を貼ろう」と伝えると、「嫌だ」と泣きながら伝えてくれました。「どうして？」と尋ねると、クラスメイトに「変なの」と言われてしまったとのことでした。「タイトルを見せてごらん」と伝えると、Lさんの紙には『にこにこ』と書かれていました。

　子ども達には、作品のタイトルを書くとき、「芋ほりをした自分の気持ちやサツマイモさんの気持ちを表そう！」と伝えていました。ですから、Lさんの考えた『にこにこ』というタイトルは、自分とサツマイモのどちらの気持ちとも解釈することができる秀逸なタイトルだと、私は思いました。子ども達が直感で自分が感じたままを言葉として表現したものは、本当に素敵で、凝り固まった私の頭では発想できないものが生み出されます。ですから、Lさんに「とっても素敵なタイトルだよ。全然気にしなくていいんだよ。それよりも、自分の素直な感覚を信じたほうがいいよ。だって、こんなに素敵なタイトルなんだから。先生は本当に素敵なタイトルだと思うよ」と伝えました。

　私の話を聞いている間、Lさんは泣きながら紙をくるくると丸めていましたが、私の言葉がきっかけとなって、作品にタイトルの紙を貼る気になってくれました。タイトルの紙を作品に貼り付けようとすると、紙がくるりと丸まってしまい、それを見て、Lさんは泣きながら大笑いしました。その後、私が貼るのを手伝っていると、さっと手を出して紙を伸ばして、のりをつけやすくしてくれました。Lさんは、ちゃんと私の気持ちを感じ取ってくれていました。その後、無事に作品が完成しました。

　Lさんの気持ちを共感的に受け止めながら、かかわり続けたからこそ、やりたくない気持ちを乗り越えていくことができたのだと思います。

(2) 独楽回し

　生活科の学習の一環として、独楽回しの活動を行いました。Rさんは、

183

はじめから「やりたくない！」と言っていました。教師としては、全体の様子も見なくてはいけないため、「友達に教えてもらって、やってみよう」と声をかけていました。Ｒさんは、私の近くにずっといて、「やりたくない！」をアピールしていました。「どうしてやりたくないの？」と尋ねると、「だって、やったことないんだもん」と教えてくれました。

　独楽を回せない子がいたとき、他の子にも友達とやってみるように声をかけて様子を見守ります。子ども同士のかかわりでうまくいくことも多くあり、教師が介入しなくてもよい場合もあります。むしろ、そのほうが子ども同士の関係性が深まります。しかし、Ｒさんの場合は、しばらくしても取り組むことができませんでした。そこで、私は、「よし、この時間はとことんＲさんと一緒に独楽を回そう！」と決心しました。必ず独楽を回せなくてはいけないということではありませんが、Ｒさんには私のかかわりが不可欠だと判断しました。

　まず、回せるたのしさを味わえるよう、紐を巻いてあげました。Ｒさんは、そもそもやる気がなくなってしまっていたので、力の抜けた感じで腕を振っていたため、独楽は回りません。何度かやっていると、偶然、独楽が回りました。私は「わぁ！　すごい！　回った回った！」と大喜びしました。Ｒさんは、うれしい気持ちを持っていたのだと思いますが、ついさっきまで「やりたくない」と言っていた手前、素直に喜びを表現できずにいました。何度か回せたあと、紐の巻き方を丁寧に教えて、何度も練習しました。途中、回せない時間が続くと、Ｒさんは「ほら、回らないじゃん」と言うときもありましたが、私が諦めてしまったら、そこで終わってしまいます。「紐の巻き方はいいよ」「腕を早く振ったら次はきっとできるよ」「おっ、今のいい感じ」など、ポジティブなかかわりを続けていると、ある瞬間から、独楽が回り始めました。Ｒさんも「やったー！　回ったー！」と大喜びです。Ｒさんは、はじめから独楽回しが

第1章

時間割に捉われない授業の実際

「やりたくない」わけではなかったのです。むしろ、回したい気持ちがあったけど、どうしたら回せるのかわからなかっただけなのです。Rさんの気持ちに寄り添って、一緒にかかわってくれる教師（他者）がいたからこそ、「独楽を回したい」という気持ちが成就したのです。

その後、Rさんは、独楽を回せなくて困っている友達に教えていました。子どもは自分がしてもらったように人にするのだということを学びました。教師がさまざまな場面でこうしたかかわりを行っていくことで、子ども同士のかかわりの質も深まっていくのだということがわかった瞬間でした。

子どもが「やりたくない！」という気持ちを表したとき、その子のその気持ちは、何によるものなのかを丁寧に共感的に聴くことが大切です。そして、その子の特性に応じて、かかわり続けていくことが、「やりたくない！」を乗り越えていくことにつながっていくのです。これは、単に、できなかったことができるようになるのがよいという話ではありません。「それは嫌だったね、でも、頑張ってやろう！」で、乗り越えられるものでもありません。よりよくあろうとかかわる教師が、どうしたらうまくいくのかを子どもと協同で行っている中で、その子がありのままを認められてできていくということなのです。そこでの学びは、Rさん個人に収束するものではなく、かかわる他者の存在が必要不可欠なのだと言えます。「やりたくない！」という訴えを聴き、どのように応えてかかわっていくのかは、教師として難しいと感じる部分です。しかし、教師のかかわりによって、子どもと信頼関係を深めて、その子が自分を安心して表現できる場へとつなげていけるという意味で、大事な営みだと言えます。

▷▶ 子どもの姿への解釈を保留して長期的なまなざしでみる

　体育科では、子ども達が夢中になって、たのしく運動に取り組むことができるような環境を設定して授業を行っています。マット遊びでは、「アドベンチャーワールド」をテーマに、「動物ワールド」「コロコロワールド」「ピタッとワールド」等のエリアを設定して、子ども達がアドベンチャーワールドの世界（状況）に入り込んで運動をたのしめるように準備をしました。

　「小学校学習指導要領解説　体育編」（文部科学省、平成29年告示）における、小学校低学年の「B　器械・器具を使っての運動遊び」では、「運動遊びを楽しく行うために、簡単な遊び方を工夫するとともに、きまりを守り誰とでも仲よく運動遊びをしたり、場や器械・器具の安全に気を付けたりすることなどができるようにすることが大切である。」と記載されています。また、一斉授業で教師が指示した通りに技を1つ1つ行うような授業スタイルは、少なくとも低学年のマット遊びの中では求められていません。今回の「アドベンチャーワールド」の授業でも、「動物ワールド」や「コロコロワールド」の1つ1つの動きは全員で行いますが、その後の時間は、何度も繰り返し自分でチャレンジして楽しむ時間を設けました。本校は、通知表改革で子どもの見取りの質を高めていくことを行っていますが、子どもを評価する前に、教師が授業の質を高めることが先にあると思っています。

　こうした環境を整えて行っていたマット遊びのときのこと、Lさんが「私はやりたくない！」と言って、体育館の隅にいました。そのときの授業は、「動物ワールド」で1つ1つ動物の動きをやってみる時間でした。クラス全体を見ていかなくてはならないため、Lさんへの個別の対応は難しい状況でした。授業を始める前に、その子のやりたくない気持ちを少しだけ聴いてはいましたが、「どうしてやりたくないのか」を聴く時

第1章
時間割に捉われない授業の実際

間的なゆとりはありませんでした。入学したばかりの5月だったので、Lさんのことをまだあまり知らない状況でした。もしかしたら、運動が苦手なのかもしれないから、あまり強引に誘うのは、やめようと考えていました。それよりも、事前に考えて準備していた場の設定で、周りの子ども達がたのしく取り組んでいたら、そのたのしさを感じて、取り組めるようになるかもしれないと考えていました。ですから、Lさんには、「やってみたらたのしくなるかもしれないよ」とだけ伝えて、授業を行っていきました。

授業を進めていくと、周りの子ども達がたのしく動物になりきって運動に取り組んでいます。すると、Lさんは体育館の隅のほうで、みんなが行っている動きを真似しながら、運動に取り組んでいる姿が見られたのです。「やりたくない！」と言っていても、本当はやりたい気持ちがあるのだと思いました。もしかしたら、やりたくない理由があったのかもしれないけれど、たのしくなってきたのかもしれません。一度「やらない」と言った手前、授業の中に戻ってきにくかったのかもしれません。授業のあと、じっくりと話を

体育館の隅でみんなの動きをまねするLさん

聴いてみると、体操を習っているからマット遊び自体が嫌いなのではないことがわかりました。そして、体育の授業の前に、友達とのトラブルがあって、気分が乗らなかったことがわかりました。私は、目の前の子どもが「やりたくない！」と言ったとき、やらせようという意識が働い

187

てしまう面があります。しかし、何でもかんでもやらせようというのではなく、子どもの「やりたくない！」への解釈を一旦保留して、その子がどうしてやりたくないと言ったのかをじっくりと聴いて、その気持ちをわかったうえで、どうしたらその子がそれを乗り越えられるのかを考えていくことが大切なのだと学びました。授業をしている中では、なかなか子どもの声を聴き遂げることは難しい場面も多くありますが、授業中だけでなく、それ以外の時間も活用して、その子が何を思っていたのかを聴くことで、その後の授業と子どもへのかかわりを考えるきっかけとなります。

▷▶ そもそも、子どもがやりたくなる環境かどうかを問う

　子ども達は、もともと体を動かして遊ぶのが大好きです。しかし、一斉授業の形では、順番を待っている時間ができてしまい、運動量も少なくなってしまいます。また、教師が指示した通りのことだけを行うことが多く、子どもが主体的に自分で場を選び、工夫しながら運動に取り組むことができません。教師が、子どもがやりたくなる環境を整えずして、子ども達のやる気を問うことはできません。子どもが「やりたい！」とならないのは、子どものせいではなく、教師の授業デザインや場の環境設定に課題があるのかもしれないと、まずは、教師自身が問い直してみることが大切です。

　子ども達が体育を「やりたくない！」と考える原因の1つとして、技能面での「できる・できない」があります。特に、マット運動や跳び箱運動では、技があり、できるかできないかがはっきりしています。でも、小学校低学年体育科は、「〇〇遊び」です。遊びの中に、それぞれの運動領域につながる場があればよいのです。運動技能のポイントを押さえて、絵や言葉で丁寧に伝えたらできるようになると思われがちですが、

第1章
時間割に捉われない授業の実際

私は違うと考えています。

　自転車を例にして考えてみたいと思います。自転車に乗るためのポイントは、平衡感覚や目線を前に向ける等、言葉にするとたくさん挙げられます。それを子どもに絵や図、動画、言葉などで懇切丁寧に教えたとします。こうした指導内容がよいから自転車が乗れるようになるかというと、そうではありません。「教えたのに何でできないんだ」となり、「何度も転んでは乗る」を繰り返す根性論になってしまいます。結局は、何をどう指導したかではなく、自転車に乗ろうとしている子が、何度も乗ることで、体で覚えていくことになります。これが昔の私の経験に基づいた自転車に乗れるようになるプロセスです。しかし、今の自転車の乗り方指導は昔とは違います。車体が小さくて軽い、ペダルのない自転車に幼い頃から乗って、自転車に乗るのに必要な体の使い方を、遊びながら体の感覚で覚えていきます。自転車に乗れる

壁の絵の動物の動きをまねする子ども達

ようになるポイントを詳しく言葉で教えなくても、遊ぶ中で子どもが自ら学び取っていきます。いざ、ペダルを付けて乗ろうというとき、それまでに身につけた自転車に乗るポイントを体得しているため、ペダルの

漕ぎ方さえわかれば、数回の練習で、すぐに自転車に乗ることができるようになります。

小学校の体育の授業を考えていくとき、この考え方を活かすことが大切です。場（環境）

子ども達が何度もやりたくなるような環境を整える

の設定が子どものやる気を誘発し、子どもが主体的にかかわって運動に取り組むこと（遊ぶこと）で、自然と体で覚えていく（わかっていく）ことが大切だということです。低学年のうちに、さまざまな運動につながる動きを遊びの中で行っておくことで、「あのときのあの感覚」をカラダで覚えていき、上学年で技能を身につけていくことにつながります。そういう環境をつくると、子どもは、やりなさいと言われなくても、環境にいざなわれて、進んで運動に取り組みます。そして、「やりたくない！」はほとんど出てきません。うまくできていなかったとしても、そんなことを気にすることなく、進んで何度もチャレンジします。誰かにできているかどうかをとがめられたり、見られたりすることがないため、安心して失敗できます。そもそも、このような環境の中で運動を行っていると、子ども達は失敗を失敗と思ってはいません。遊びだから当然のことです。

子ども達の様子を見ていると、1時間の授業だけでも体の巧みさが向上していることがわかります。授業後には、多くの子が、「先生、ありがとう！」とお礼を言ってくれました。体育の授業で、どうしたらたのしくなるのかを考えて場を設定したら、子ども達から

第1章

時間割に捉われない授業の実際

感謝されるのです。よく、授業の終わりのあいさつで、子ども達が形式的に「ありがとうございました」と言う場面を見かけることもありますが、この授業での子どもの言葉はそれとは質が異なります。自分の言葉として「ありがとう」が出てくる授業は、子どもにとっても、教師にとっても、とても幸せなことです。しかも、先ほどお話ししたマット運動のときに隅のほうでやっていたLさんも「先生、こんな楽しいことさせてくれて、ありがとう！」と言ってくれたのです。これには、本当に感動しました。

▷▶ 子どもに応じて場の設定やルール等を変える

　私のボールキックゲームの鉄板授業として、ボールを蹴ってコーンとコーンの間に通して、クリアしたら少しずつ遠くのコーンとコーンの間を通していくゲームがあります。コーンの間を通らなかったら、前のエリアに戻るというルールです。蹴ったボールは、原則自分で取りに行くため、運動量も保障されます。少しずつ難易度が上がっていくため、やりがいもあり、たのしみながら何度もボールを蹴る運動を行うことができます。このゲームは、発達段階を問わず1年生から6年生までどの学年でも実践してきました。これまでは、子どもが夢中になって、たのしく取り組んでいる様子が見られていました。

　しかし、今年度は違いました。はじめはたのしそうにボールを蹴っていたのですが、そのうち3～4人の子が「つまらない」と言って、取り組まなくなってしまったのです。「やってみよう！　たのしいよ！」と声をかけましたが、その授業時間の中では取り組むことができませんでした。これまで鉄板授業として行ってきたものだったのにうまくいかず、私は、どうしたらよいのかわからなくなってしまいました。よく考えてみると、子どもにとってよかれと思っていても、結局、教師である私が

すべて提示して、その枠の中に収めようとしているのかもしれないと気がつきました。

もともと、スポーツのルールは、それぞれのスポーツのたのしさが一番味わえるように先人たちが知恵を絞りながらつくられてきたもので、そのルー

ルは今もなお進化しています。また、子ども達が行っている遊びは、参加するメンバーで話し合ってルールを確かめて、どうしたらもっとたのしくなるのかをやってみながら決めていっています。そう考えると、私の授業は、「ボール蹴り遊び」とは名ばかりで、全く遊びではないと気づきました。

そこで、ボールを蹴って物の間に通すことを基本のルールとしつつ、体育小屋の物で何を使うのか、どこにどのように置くのか、どういうルールにするのか等を、子ども達に委ねることにしました。4人1組のチームを8つつくり、チームごとに場を設定するようにしました。コーンを遠くに設置するチーム、ボールの通過地点にフラフープを置くチーム等、さまざまなアイディアが出てきました。また、子ども達は何度もボールを蹴って、その場の設定でたのしめるのかを工夫しながら行っていました。結果として体育科のボール蹴りについての「簡単なボール操作」「簡単な規則の工夫」「考えたことを友達に伝える」などの目標は、よりよく達成されたことになります。それ以上に、子どもの姿に応じて授業を柔軟に変えたこ

とで、はじめのボールキックゲームで「やりたくない！」と言って取り組まなかった子ども達が、全員それぞれのチームで生き生きと活動に参加している姿が見られたのです。

Rさんは、お店屋さんのようにお客さんを呼び込んで、ゲームを楽しむ姿が見られました。評価の役割の1つとして、教師自身が自分の授業改善に活かすというものがありますが、まさに、これがそうなのだと思いました。どうしても、教師は、各教科の教材研究をして、これこそが子どもにとって最良だと押し付けてしまいがちです。また、取り組まない子がいたときに、それをその子の発達課題として認識してしまいがちです。しかし、それは誤りです。それは、この事例からわかる通り、授業で表れた子どもの姿は、教師の指導に責任があるからです。

完璧な授業などありません。ただ、子どもの姿に応じて、教師が柔軟に授業の取り組み方を変えていくことはできます。子どもが取り組めないとき、子どもの発達課題を考えることも必要ですが、まずは教師自身の授業づくりを見直していくことが必要だと、強く感じた授業となりました。

▷▶ かかわり続けることの大切さ

1年生も終わりに近づいた2月、ボールゲームの1つとして、ドッジボールを行いました。ルールはオーソドックスなものです。さまざまなルールのドッジボールも、引き出しとしてもってはいますが、まずは、基本のルールでゲームをたのしめるように授業を行っていました。

Lさんは、端のほうに座ってドッジボールに参加できずにいました。低学年のドッジボールは、ジャッジでトラブルになることも多いため、私は2コートが同時に見える位置で審判を行っていました。ドッジボールは、1度始まってしまえば、教師が指示を出して全体を動かさなくて

もよいため、参加できずにいる子に声をかけて、何とか参加できるようにしたいと考えていました。2・3回「やってみよう！　たのしいよ！」と声をかけましたが、きっぱりと「やりたくない！」と断られました。今回の場合、ドッジボールのルールを変えたからといって、Ｌさんが取り組めるといった状況ではありませんでした。ですから、とにかくこの時間は、諦めずにＬさんにかかわっていこうと決心しました。誘いを断られたあとも、少し間をおいてから、軽く肩と肩をぶつけて「やろうよぉー！」と、笑いを誘いながらかかわりました。

　笑ってはくれますが、やはり「やりたくない！」の一点張りです。Ｌさんとの信頼関係はこれまでに築いてきており、いつもＬさんのほうからスキンシップをとってきます。この時間も、「やりたくない！」と言いながらもスキンシップをとってきました。手をつないでいたので、両手を持って空中にジャンプするようにして、左右に動いてみました。そうすると、キャッキャッと言って喜びます。「何でやるのが嫌なの？」と尋ねると、「だって、ボール取れないんだもん」と話してくれました。私は、「ドッジボールのドッジって、逃げるっていう意味なんだって。だからこうやってよけたらいいんだよ」と言って、先ほどのように両手をつないでジャンプしてよける動きを行いました。すると、またまた大喜びです。その流れで、両手をつないだまま、ドッジボールのコートに入りました。

　コートの中でも、ボールが来ていないときに先ほどと同じよけるジャンプを何度か練習しました。何回かは、コートから出たり、また両手をつないでコートに戻ったりを繰り返していました。コートの中に入って手をつないでいるときは、私が「ギャー！　ボールが来たー！　逃げろー！」と騒いだり、ボールが来ていないときでも両手をつないでジャンプで逃げる動きをしたりしていました。しばらくすると、なんと、Ｌ

第1章　時間割に捉われない授業の実際

さんは自分から、「先生、自分一人でやってみる」と言い出したのです。あれだけ頑なに「やりたくない！」と言っていたLさんが、自分からやってみると言い出したのです。そこには、最初の暗い表情はなく、笑顔が見えていま

した。そして、Lさんに向かってボールが投げられました。すると、なんと、練習していた通りに、ジャンプして左によけ、ボールをかわすことができたのです。私は、「わぁ！　すごい！　練習した通りによけれた！　やったー！　その調子！」と喜びを伝えました。Lさんも大喜びです。その後も、何度もボールをよけてたのしんでドッジボールに参加することができました。後半には、ボールを投げることもできました。子どもに応じて授業を工夫して変えていくことも大事ですが、こうした丁寧なかかわりが子どものやりたい気持ちを支えていくのです。

　この授業が終わり、私は「Lさんがドッジボールに参加できてよかった」とうれしい気持ちでいました。ところが、授業後にLさんに「楽しかったね。ボールもいっぱいよけれたね」と話すと、「よけれたのはいいけど、ボールを投げたのに当てられなかった」と、不機嫌そうに話してくれました。ドッジボールに参加するという目標をクリアした直後に、再び大きな壁が立ちはだかりました。1つのことをクリアしても、また次から次へと乗り越えなくてはいけないものが現れてきます。それをどうやって乗り越えていったらよいのかを、試行錯誤しながら行っていくのが、教師という仕事の難しさでもあり、面白いところだと思っています。

第 2 章

1年5組の山田実践から架け橋期における「学びの連続性」を考える

久保寺節子

　私は公立幼稚園で定年退職まで36年間勤務し、その後私立幼稚園の副園長を務めました。保育者の頃の私は、卒園した子どもたちそれぞれの気持ちや表現のありようを1年生の先生が受け止めてくれるだろうか、1年生になった子どもたちは授業の内容がわかってついていけるだろうかと心配でした。また、はたして子どもが興味をもてる授業内容であるのかどうかという疑問もありました。

　2022年4月28日、私は初めて1年5組山田学級を訪問しました。するとそこには、子ども達の「やりたい！」が溢れていました。山田先生自身が実に自然体で、その子なりの表現のありようを受け入れ、時には問いかけ、子どもたちがやりたくなる環境を工夫し、子どもたちと一緒に生活と遊びに結びついた学びを追求されていました。私はその魅力に引き寄せられ、登校時からできる限り下校時まで2022年度は、53日間訪問しました。

1　「架け橋期」とは

　幼児教育を卒園した子どもたち一人ひとりが、小学校でも楽しい学校生活を送れるように願うのは、幼児教育関係者も小学校関係者もまた保護者も同じ思いです。しかし、現実には小学校では、子どもの興味に添った授業ではないことも多く、そのために座っていられず立ち歩くことを注意されるなど、学校教育の問題もあります。また、一方で幼稚園から1年生にスムーズに移行できるように、幼稚園のうちから小学校の内容を前倒

ししして「もじ」や「かず」に取り組んでいる園もあります。このような幼児教育と小学校がどのようにつながっていったらよいかについて、文部科学省より「幼保小の架け橋プログラムの実施に向けての手引き（初版）」（以後、「架け橋プログラムの手引き」とする）が出され、令和4年度から3か年程度を念頭に、架け橋期のカリキュラム開発や実施が推進されています。

「幼保小の架け橋プログラムの実施に向けての手引き（初版）」
「義務教育開始前後の5歳児から小学校1年生の2年間は、生涯にわたる学びや生活の基盤をつくるために重要な時期です。本手引き（初版）ではこの時期を「架け橋期」と呼ぶことにしました。」
「子供の成長を切れ目なく支える観点からは、幼保小の円滑な接続をより一層意識し、乳児や幼児それぞれの特性など発達の段階を踏まえ、一人一人の多様性や0～18歳の学びの連続性に配慮しつつ、教育の内容や方法を工夫することが重要です。」（筆者下線）

　上記の「架け橋プログラムの手引き」では、5歳児から小学校1年生の2年間を「架け橋期」として重要であると位置づけ、その時期の重要な観点として、「幼保小の円滑な接続」と「0～18歳の学びの連続性」の2点を提言しています。これから、この2点について5歳児から小学校1年生の移行期間の子どもたちの姿をもとに考えます。

▷▶「幼保小の円滑な接続」とは
　「架け橋プログラムの手引き」で重要だとしている「幼保小の円滑な接続」は、「幼稚園教育要領解説」（文部科学省、平成30年）では次のように明記されています。

第1章　総説　第3節　教育課程の役割と編成等　5　小学校教育との接続に当たっての留意事項

(1)　小学校以降の生活や学習の基盤の育成

> (1)幼稚園においては、幼稚園教育が、小学校以降の生活や学習の基盤の育成につながることに配慮し、<u>幼児期にふさわしい生活</u>を通して、創造的な思考や主体的な生活態度などの基礎を培うようにするものとする。(筆者下線)

(2)　小学校教育との接続

> (2)幼稚園教育において育まれた資質・能力を踏まえ、小学校教育が円滑に行われるよう、小学校の教師との意見交換や合同の研究の機会などを設け、「幼児期の終わりまでに育ってほしい姿」を共有するなど連携を図り、<u>幼稚園教育と小学校教育との円滑な接続を図る</u>よう努めるものとする。(筆者下線)

　このように、幼児期にふさわしい生活を基盤として、小学校教育と連携を図り、幼稚園教育と小学校教育の円滑な接続を図ることが明記されています。同様に、「小学校学習指導要領」(文部科学省、平成29年告示)でも幼児期の教育との接続については次の記載があります。

第1章　総則　第2　教育課程の編成　4　学校段階等間の接続
(1)幼児期の終わりまでに育ってほしい姿を踏まえた指導を工夫することにより、幼稚園教育要領等に基づく幼児期の教育を通して育まれた資質・能力を踏まえて教育活動を実施し、(中略)特に、小学校入学当初においては、<u>幼児期において自発的な活動としての遊びを通して育まれてきたことが、各教科等における</u>

第2章
1年5組の山田実践から架け橋期における「学びの連続性」を考える

学習に円滑に接続されるよう、生活科を中心に、合科的・関連的な指導や弾力的な時間割の設定など、指導の工夫や指導計画の作成を行うこと。（筆者下線）

　このことは、幼児期に遊びを通して育まれてきたことを、小学校教育に生かすように時間割や指導の工夫をしていきましょうということです。

　現在「幼保小の円滑な接続」のために、互いの保育や授業を見合い、意見を交換して、教育形態の違いやその時期の子どもの姿を理解していこうという努力がなされています。しかし、なんとか交流の機会をつくり、それぞれの違いはわかっても、互いの保育・教育に生かしていくきっかけにはならずに、交流しただけで終わってはいないでしょうか。

　そのようなもどかしい状況のさなかに、令和5年に中央教育審議会から「学びや生活の基盤をつくる幼児教育と小学校教育の接続について〜幼保小の協働による架け橋期の教育の充実〜」が出されました。ここでは、先ほど述べた「架け橋プログラムの手引き」を踏まえ、幼児教育施設と小学校は、3要領・指針[1]及び小学校学習指導要領に基づき、幼児教育と小学校教育を円滑に接続することが必要であるとして、子どもの発達の段階を見通した「架け橋期の教育の充実」を求めています。さらに、この原稿を書いているときにも、文部科学省から「幼児教育と小学校教育がつながるってどういうこと？」[2]が出され、幼児教育と小学校教育のつながりを意識した具体的な取り組みを紹介し、幼保小の教育の円滑な接続を目指しています。

　このように「架け橋期」の取り組みの具体的事例が出され、各自治体や教育現場で取り組む動きもあります。しかし、円滑な接続とは幼児教育と小学校教育の何と何が円滑に接続していくことなのでしょうか。は

1　「幼稚園教育要領」「保育所保育指針」「幼保連携型認定こども園教育・保育要領」
2　「幼児教育と小学校教育がつながるってどういうこと？（幼児教育及び小学校教育関係者向けの参考資料）」文部科学省
　（https://www.mext.go.jp/a_menu/shotou/youchien/mext_02697.html）最終閲覧日2024.7.31

じめて家庭から乳幼児教育施設（幼稚園、保育所、認定こども園等）に入る子どもたちがスムーズに生活できるようにする慣らし保育のように、徐々に生活に慣れていくようにすることが幼保小の円滑な接続なのでしょうか。

　もちろん徐々に違う生活の場に慣れていく時期を考えることは重要です。しかし、幼児教育と小学校教育がつながるときに、慣れる時期としての方法論ではなく、教育の何と何がつながるのかを吟味し、子どもの「学び」という視点で一貫性をもって円滑な接続について考える必要があるのではないでしょうか。

　このことを明らかにするために次の節では「幼保小の円滑な接続」の姿について考えたいと思います。

2　幼児期の教育と小学校教育のコワイ「円滑な接続」の姿

　「架け橋期」では、「幼保小の円滑な接続」が重視されていますが、注意を要する接続もあります。次に紹介する幼稚園・小学校の例は、私が参観した様子をもとに、わかりやすく特徴的に表現しています。

【A園】子どもの興味・関心よりも、例年通りに決められた年齢別カリキュラムに沿って、保育者主導型の一斉保育をします。また、小学校に入学してから困らないように、幼児版「もじ」「かず」のワークに取り組んだり、見栄えのよい小学生顔負けの競技・演技を披露したりします。

【A小学校】教師は単元の時数毎のめあてを立て授業を展開し、時間内にめあてが達成できたかが重要となります。子どもたちは教師が提示した課題に答えていきますが、あらかじめ教師が求める想定内の答えで授業が進んでい

きます。子どもはクラスの規律に従い、教師の指示通りに展開される授業が
よい授業とされます。

　A園とA小学校は実にうまく円滑な接続をします。けれど、そのよう
な教育を通して、子どもは何を学ぶのでしょうか。子どもは教師・大人
が教えることをいかに早くできるようにするかがいいことだということ
を学ぶのではないでしょうか。また、大人が教えることは、学ぶ意味な
どわからなくても、いつかいいことがあるから勉強したらいいというこ
とを学ぶでしょう。このようなコワイ接続にならないために、改めて子
どもの「学び」とは何かを考える必要があるのではないでしょうか。
　次の節では、小学校の例を中心に子どもの学びについて考えます。そ
こから、「0〜18歳の学びの連続性」を考えていきます。

3　「0~18歳の学びの連続性」における学びとは

　架け橋期における真の接続といえる小学校の学びとは、具体的にはど
のような実践なのでしょうか。そのことを考えていたときに、私は山田
実践に出会い、そこにはどのような学びがあるのか、小学校に入り込む
ことにしました。

▷▶ 小学校の「学び論」をさぐる

　現在の小学校の学びを問い直す必要性は、「「令和の日本型学校教育」
の構築を目指して〜全ての子供たちの可能性を引き出す、個別最適な学
びと、協働的な学びの実現〜（答申）」[3]において、日本型学校教育の課

3　中央教育審議会「「令和の日本型学校教育」の構築を目指して〜全ての子供たちの可能性を引き出す、個別最適な学びと、協
働的な学びの実現〜（答申）」令和3年1月26日、p.8.

題として次の点を指摘しています。

　　我が国の経済発展を支えるために、「みんなと同じことができる」
　「言われたことを言われたとおりにできる」上質で均質な労働者の
　育成が高度経済成長期までの社会の要請として学校教育に求められ
　てきた中で、「正解（知識）の暗記」の比重が大きくなり、「自ら課
　題を見つけ、それを解決する力」を育成するため、他者と協働し、
　自ら考え抜く学びが十分なされていないのではないかという指摘も
　ある。

　ここで課題としてあげられている子どもの学びをゆがめている学校教
育への警鐘は、近年に始まったわけではありません。
　佐藤（1995）[4] は、「学校教育においては、学びの「時間」と「空間」と「知
識」と「環境」のすべてが「効率性」の原理を基礎として制度化されて
いる。」と指摘しています。さらに、「学びという経験の時間は、本来、
うねりのある個人的で質的な時間であり、可逆的で循環的な時間である
が、教室に組織された時間は、均質化された量的時間であり、一方向的
で不可逆的で直線的な時間である。」と述べています。
　このことは、令和の日本型学校教育の課題の「みんな同じことができ
る」という高度経済成長時期を支えた同じ品質を効率よく産出する工場
システムと同じことでしょう。そのために、「教師の発問・生徒の解答・
教師の評価」という「知識暗記主義」が生まれてきたのです。
　では、そのような教育を打破するためにどのような学びを回復したら
よいのでしょうか。

4　佐藤学「学びの対話的実践へ」佐伯胖・藤田英典・佐藤学編『学びへの誘い（シリーズ学びと文化①）』東京大学出版、1995年、
　　pp.75-76.

> 第2章
> 1年5組の山田実践から架け橋期に
> おける「学びの連続性」を考える

佐藤（1995）[5] は本来の子どもの学びについて次のように説明します。

　　学びの活動を意味と人の関係の網直し（retexturing relations）として再認識するとすれば、学びの実践は、学習者と対象との関係、学習者と彼／彼女自身（自己）との関係、学習者と他者との関係という3つの関係を編み直す実践として再定義することができるだろう。（中略）ここで、3つの次元の「関係の編み直し」が、「意味の編み直し」を通して達成されるところに、学びの実践の認識論的基礎を求めることができるだろう。「関係（relation）」という概念は「語る（relate）」という動詞から派生した言葉であった。対象や自己や他者との「関係」を構成し解体し修復することは、それらの「意味」を語ることと同義である。すなわち、学びという実践は、対象と自己と他者に関する「語り」を通して「意味」を構成し「関係」を築き直す実践なのである。

　そして、佐藤はこの教室での学びの実践は、「「対象との対話的実践」「自己内の対話的実践」「他者との対話的実践」の3つの実践があり、それぞれが相互に媒介し合う関係を示している。」と述べています。

　では、佐藤が指摘する「関係の編み直し」が「意味の編み直し」を通して達成できる学びは、教室でどのように生まれるのでしょうか。また、佐藤が重要だとする3つの対話的実践（「対象との対話的実践」「自己内の対話的実践」「他者との対話的実践」）の関係はどのようなものなのでしょうか。

　これに対し、佐伯（1993）[6] は、『教室にやってきた未来　コンピューター学習　実践記録』で小学校6年生の苅宿実践を「学びの〈ドーナツ

5　前掲書pp.72-75.
6　佐伯胖「人間をとりもどす教育」佐伯胖・佐藤学・苅宿俊文・NHK取材班『教室にやってきた未来　コンピューター学習実践記録』日本放送出版協会、1993年、pp.144-147.

理論〉」（図1）を用いて次のように説明しています。

「こだわり」というのは、一時的には「他者の干渉をしりぞける（他者からのチョッカイを拒絶する）」ものである。これは学びが自分自身の内側から始まることを確かなものにし、納得していくこと、また、納得できないことを放っておかないことのためには不可欠ではあるが、認識が広がるにつれて、そのこだわりが「ほどけて」いかなければならない。そこから（中略）対話することが始まる。（中略）

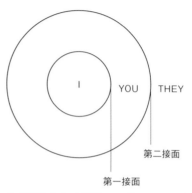

「Ｉの世界」、「YOUの世界」、および「THEYの世界」
図1　学びの＜ドーナツ理論＞

少なくとも「自分（わたし＝Ｉ）の世界」を安心して「外から見る」ことができる、つまり、「視点を変えて見る」ことを恐れる必要がまったくない、むしろ相互に立場を変えたり、視点を変えたりすることがごく自然な営みになる、そういう世界が必要であろう。私はそれを「YOUの世界」と呼ぶ。この「YOUの世界」で、「Ｉの世界」での私的なこだわりがほどけて社会的になっていくのである。（中略）

そのためには、かかわる「YOU」自体がたんなる「同好の士」ではなく、まさに「外側の世界」を背後に背負い、「外側の世界」の真正の（authentic な）文化的な活動への道案内となる存在でなければならないのである。この「YOU」が背負うべき「外側の」真正の文化的実践のコミュニティを「THEYの世界」と呼ぶ。

人が学びを広げていく際にくぐり抜け、かかわっていくプロセスを３つの世界とその相互交流に注目して考えていく枠組を、ここで

第2章
1年5組の山田実践から架け橋期に
おける「学びの連続性」を考える

「ドーナツ理論」（図に描いた時に、ドーナツ型になっているというだけの
理由から）と呼ぶことにする。

　さらに、佐伯（1993）[7] は、「「YOU の世界」の２つの接面は実は教材
にも存在しているとして、教材の第一接面というのは学習者にとって「身
近な」ものとして捉えることができる側面であるとし、教材の第二接面
というのは、教材が切り開いてくれる世界そのものが、現実社会の真正
の文化とかかわりを持ってくる側面であり、ホントのこととかかわる側
面である。」としています。そして、「そこでは、思ってもいなかったア
クシデントやハプニングに出会うかもしれない。しかし、それがホンモ
ノであるだけに、強烈なインパクトをもって経験される。」と述べてい
ます。
　以上のような佐伯の「学びの〈ドーナツ理論〉」において人や教材と
の対話が生まれ、「THEY の世界」に向かっていくことが、前述した佐
藤の「関係の編み直し」と「意味の編み直し」が生まれる学びとなるの
はないでしょうか。

▷▶幼児教育における「学び論」

　ここまで小学校での学び論を紹介してきました。このような学び論に
つながる幼児教育の学び論とはどのようなものがあるのでしょうか。
　佐伯（2001）[8] は幼児の学びについても自身の「ドーナツ論[9]」をもと
に、「子どもは YOU 的他者の媒介のもとに、次第に THEY 世界（文化的
実践の世界）とかかわるようになるのであり、保育というのは（中略）子

7　前掲書p.147.
8　佐伯胖『幼児教育へのいざない―円熟した保育者になるために―』東京大学出版会、2001年、p.156.
9　佐伯は『幼児教育へのいざない』では幼児の学びを「ドーナツ論」として紹介している。この図式は「人間をとりもどす教育」
　で紹介している「学びの〈ドーナツ理論〉」と同じ内容である。読者にとってのわかりやすさを考慮し、本書では以降「学びの
　〈ドーナツ理論〉」とする。

205

どもが文化的実践に参加していくこと（THEY 世界に生きること）をできるかぎり有効に援助するということになる。」と述べています。さらに佐伯（2001）[10] は、「文化的実践というのは、私たちが文化として「大切だ」とすることを大切にすることであり、そういう大切なことを味わい、分かち合い、そしてあらたに創出することである。」としています。

このように子どもが YOU 的他者と共に THEY 世界とかかわる関係をもとに文化的実践への参加としての「学び」を説明しています。

▷▶ 幼保小の「学び」が真に円滑に接続するとは

「幼保小の円滑な接続」において、接続が円滑にうまくいくように見えるコワイ接続を問い直すために、どのような「学び」が接続することが円滑な接続になるのかを考えてきました。そして、幼児期と小学校の「学び」を一貫して考えていくことが重要であるとして佐伯の「学びの〈ドーナツ理論〉」を紹介しました。子どもの学びが、ドーナツの第一接面と第二接面を通して文化的実践への参加の道だとするならば、このような学びが幼保小で円滑に接続しているかを考えることが、0〜18歳の学びの連続性になるのではないでしょうか。

次の節では、佐伯の「学びの〈ドーナツ理論〉」をもとに真に円滑に接続する学びを山田実践を通して考えていきます。

10　前掲書pp.184-185.

第2章
1年5組の山田実践から架け橋期における「学びの連続性」を考える

4　山田実践における学びを「学びの〈ドーナツ理論〉」から考える

▷▶ 子どもの動きを感じる

【事例1　朝のダンス　2022年4月28日】

　朝のダンスをしているとき、山田先生はちょっとざわついている子ども達の中にさっと入り、何も言わずに、子ども達と一緒に楽しそうにダンスをしていました。そのうちに、子ども達は友達とのおしゃべりをやめて、一緒にダンスをするほうに集中していました。

　よく見かける授業風景では、教師は子どもと離れた位置から（教室・体育館の前方）から「おしゃべりはやめて、ダンスをする時間だよ」と指示し、子どもが取り組むようにするでしょう。けれど、山田先生はざわついている子ども達の間にさっと入り、子ども達の気持ちを感じ取ろうとしました。そして、山田先生の楽しく踊る動きが子ども達に伝わっていきました。子ども（I）にとってのYOU的他者というのは、子どもの気持ちを汲み取ってくれる存在です。子どもがどのようにあろうとしているのかを聴き取るかけがえのない存在です。このような関係はこの事例のように、日頃の何気ない動きから生まれてくるのでしょう。

　佐伯（2019）[11] は、発達心理学者のヴァスデヴィ・レディが我が子の出産を契機に、赤ちゃんを研究対象として「三人称的」に観てきたことからはわからなかった「二人称的な」かかわりあいから見える世界の発見を次のように紹介しています。

　　　レディは、私たちが人と「かかわる」際に、以下の3つのかかわり方があるとしました。

11　佐伯胖「専門家としての教師」佐久間亜紀・佐伯胖編著『アクティベート教育学②現代の教師論』ミネルヴァ書房、2019年、pp.172-173.

（1）**一人称的かかわり**（First-Person Approach）

　対象を「ワタシ」と同じような存在とみなす。「ワタシならどうする」を対象に当てはめる。

（2）**二人称的かかわり**（Second-Person Approach）

　対象を「ワタシ」と切り離さない、個人的関係にあるものとして、親密にかかわる存在とみなす。対象と情動を含んだかかわりをもち、固有の名前をもつ対象、対象自身が「どのようにあろうとしているか」を聴き取ろうとする。

（3）**三人称的かかわり**（Third-Person Approach）

　対象を「ワタシ」と切り離して、個人的関係のないものとして、個人とは無関係な（モノ的な）存在とみなす。傍観者的観察から「どうすると、どうなるか」を「客観的」に対象を調べ、そこから客観的法則（ないし理論）を導き出し、それで説明する。

　このレディの二人称的かかわりあいは「学びの〈ドーナツ理論〉」のYOU 的関係を説明しています。子どもと教師が YOU 的関係を創るためには、教師が子どもの気持ちを感じようとする姿勢があるからこそ、子どもは教師にありのままの姿を見せていくのでしょう。教師の威圧的な指示の一言で、このような関係はあっという間に崩れてしまうオソロシサがあります。山田先生はそのことを十分理解しているからこそ、朝のダンスの事例で子どもの間にさっと入る動きはあったのでしょう。

▷▶ **子どもの声を聴く**

　山田先生は子どもの動きを感じたり、子どもに問いかけたり、子どもの近くで（物理的に近くにいるというわけではなくても）いろいろな場面で子どもの声を聴きます。その子どもの声を聴き取り、言葉にして表現して

いく姿勢について【実践2】アサガオを育てる「子どもの表現をどのように見取ってかかわる言葉で伝えるか（評価）」（P.49参照）から考えていきたいと思います。

　山田先生は子どもが描いたアサガオの観察日記を見て、「くぼんでいるところをよくみているね。」と書いて伝えました。また、「つるつるしていて、かまぼこみたい。」という表現をしている子には「さわってみたんだね。いいぞ。」と書いて伝えていました。さらに、アサガオが成長している姿を描いている子には「こんなにおおきくそだっていったらいいね！」と、その気持ちを理解して、認めていました。

　私はこのコメントを見て、なんて子どもの思いを汲み取ったメッセージだろうと衝撃を受けました。また、私にはできるだろうかと。ここには、教師のねらいに達成しているかどうかの評価はありません。

　このメッセージは子どもが感性をフル稼働させてアサガオの種を二人称的に感じ取り、絵や言葉で表現する世界を、今度は山田先生が子どもになってみてアサガオにかかわる子どもの世界を二人称的に感じ取っているといえるのではないでしょうか。このように子どもの思いを二人称的に感じ取る瞬間は、日々の授業から生まれます。

▷▶ 子どもの願いを感じ取る

　アサガオの種をまいたあと、山田先生は教師が指示するのではなく子どもがどのようにアサガオの世話を考えているのか知りたいと思い、「アサガオさん、どうしたら元気よく育つかな」と問いかけます。そのときに、山田先生は子ども達が「水やりをする」「太陽をあびる」「雨」と答えたあとのAさんの「なむなむ」という声を聴き逃しません。また、子どもの思いや願い、祈りが相手や生き物にも伝わっていくのではないかと考え、子どもの感性と感覚を拓いていくことを大事にしたいと述べています。

私はそのときに参観していましたが、Ａさんの声はクラスの中でかき消されそうなささやかな声でした。それは、一般的に教師が求める子どもが植物を栽培するときに想定される「水」「太陽」といった答えではないので、スルーされてしまうことも多いでしょう。けれど、子どもの願いも含めて子どもがかかわる世界をわかろうとする山田先生の姿勢が、この一瞬のつぶやきも逃さずに、子どもの声を聴くことになったのではないでしょうか。

　さらに、子どもが対象に情感込みでかかわり、アサガオが育つようになむなむすることに込められる世界は、子どもを（Ｉ）としたときに、アサガオが（YOU）となり、アサガオはどのようでありたいのかを、アサガオに誘われ、アサガオが THEY 世界とかかわる第二接面を、子どもが探索しようとするかかわりかもしれません。また、今度はアサガオが（Ｉ）となり、子どもが（YOU）となって、アサガオはどのようになりたいのかを考えて、子どもが THEY 世界を創ろうとしているのかもしれません。

　このように、山田先生がＡさんのつぶやきをわかろうとする二人称的かかわりが生まれたことから、子どもが対象に情感込みでかかわる世界に山田先生も誘われ、アサガオにとってのよりよい THEY 世界を共に創っていこうとすることになったのではないでしょうか。

▷▶ 子どもに問いかけること

　アサガオの芽が伸びたときに、山田先生は子どもたちに「このままでも大丈夫かな」と問いかけます。子どもたちはあまり心配していないようでしたが、小学校には植物のことをよく知っているプロの先生がいることを伝え、子どもたち有志と一緒に理科専科の先生に尋ねに行きます（P.54 参照）。それから子どもたちは学級に戻り、理科専科の先生から聞いた「弱い芽は抜いたほうがよい」ということを伝えました。その後、

第2章

1年5組の山田実践から架け橋期における「学びの連続性」を考える

　山田先生は子ども達に「アサガオをぬく？　それともぬかない？」と問いかけました。すると「ぬいたほうがいい」「ぬかないほうがいい」というそれぞれの考えが出されました。

　このとき、私はとても驚きました。なぜなら、私でしたら「理科の先生が抜いたほうがいいと言っていたから、みんなで抜きましょう」と専門家の言うことは「正しい」と疑問をもたずに学級全体で1鉢3本ぐらいの芽を残して抜かせていたでしょう（正直、今までそうしてきました）。そのような指導は、誰もが失敗なく（？）アサガオを育てることができる方法でしょう。しかし、実はそこには専門家の言うことを信じ、自分がやることに疑問をもたない落とし穴が潜んでいたのです。それに対して、山田先生はどうでしょう。子ども達と理科専科の先生から聞いたことを教室に持ち帰り、「あなたはどうしたいか」を問いかけました。そのことが子どもはアサガオに対して自分事として考えていく契機となり、アサガオに対する思いとアサガオがどうあろうとしたいのかというアサガオの願いを自分の言葉で表すことができたのではないでしょうか。

　山田先生が子どもに問いかけることは、子どもが「私はどうしたいのか」と自分に聴くわけです。「正しい」「正しくない」ではなく、「どうしたいのか」を問いかけ、それぞれの考えを伝え合い、学級のみんなで共有し、それぞれの考えが尊重されていきます。問いかけることは、一人称の私を意識させるのです。

　佐伯（2017）[12] は、「日本人には一人称がない」ということを、留学中の体験談として、「サエキのいまの話は、その研究についての "What is supposed to be true" の話だが、サエキ自身が "What is true" についてどう考えているのか聞きたいのだ」と言われ、大変ショックを受けた

12　佐伯胖「二人称的アプローチ入門」佐伯胖編著『「子どもがケアする世界」をケアする』ミネルヴァ書房、2017年、pp.71-73.

ことを紹介しています。日本の教育の中で、「"What is supposed to be true"（何が本当だとされているか）」ばかりで、「"What is true"（何が本当か）」を問う教育を受けてこなかったことに気づかされたそうです。そしてその裏にある、日本の教育は「みんな」というまなざしのもとで、「べきである」／「ねばならぬ」に駆り立てられ、「みんな」に合わせようとしていることに警鐘を鳴らします。それに対して山田先生が子どもに問いかけることは、子ども一人ひとりが「私」は「"What is true"（何が本当か）」を探求していくことになるのではないでしょうか。

　では、「私」が中心にある学びとはどういうものでしょうか。このことを佐伯（2020）[13] は「「学びのドーナツ」で子どもの学びを考える時は、まずドーナツの中心となっている自己（I）を「子ども」と見なし、ドーナツ型の環（YOU 的他者）が教師だとすると、子ども（I）は教師という「YOU 的存在」（レディのいう「二人称的かかわり」）に出会うことで、子ども（I）は自分自身の「自己」に目覚める。」と説明します。さらに「ここで大切なことは、人が YOU 的他者から「あなた（YOU）として」の呼びかけを受けてはじめて、自己（I）が、ほかでもない、ユニークで尊厳のある存在としての「自己」に気づくのである。その場合の自己は他者からの YOU 的かかわり（二人称的かかわり）に「応えようとする自己」であり、YOU 的他者に何らかの「応答」をかえす行為の主人公として主体である。」と述べています。

　山田先生が子どもに問いかけるのは、第一接面として、あなたはどう思うのかという個別性を尊重した YOU 的他者としての問いかけです。そこで、子どもは主人公としての自分を自覚し「応えよう」とするのです。さらに佐伯（2020）[14] は、このような関係について、「相互主体的関係」

13　佐伯胖「子どもを「人間としてみる」」生田久美子・安村清美編著『「子ども人間学」という思想と実践』北樹出版、2020年、pp.10-12.

14　前掲書p.12.

とし、「相互が主語（動作主体）であること」と説明します。つまり、ここで（I）である子どもと（YOU）である山田先生が相互に主体的な関係であり、教師が教えることを子どもが受け止める、教え／教えられる関係ではないということです。そのような関係のときに、【実践2】アサガオを育てる（P.46）のように、今度は教師が（I）となり、子ども（YOU）に誘われ、子どもが「なむなむする」先に見える新しいTHEY世界を探究することになるのではないでしょうか。

このような子どもと教師のYOU的かかわりあいの中で、真正の文化的実践のTHEY世界が見えてくるのでしょう。

▷▶ 文化的実践の参加へ

山田先生の実践で特徴的なことの1つに【実践1】「子どもとつくる時間割」を生み出す探究・協同のサイクル（P.24参照）があります。

山田先生のクラスの1日は子ども達が決めますが、先生にプランがないわけではありません。私が初めて訪問した4月28日にも山田先生は「こうなるかと思います」と大まかなプランを書いたメモを見せてくれました。そうであっても、あとは毎朝[15]、子ども達と決めていきました。子ども達と1日の流れを決める中で、子どもの「やりたいこと」と「やってきたこと」が、目に見える形で黒板左のスペースに明記され、自分たちがやりたいことが深められる仕組みになっていました（P.36参照）。

山田先生は、できるかぎり子どもの生活上の文脈に学習活動を入れていくことを大切にしていました。つまり、教師がYOU的他者として子どもの興味・関心が湧き起こるきっかけをつくるように授業をデザインし、プランは立てますが、時には子どもの発見をもとに、子どもの興味・

15　後期は1週間の予定を月曜日に決めて時間割をつくっていました（P.36参照）。

関心を広げ、「学びの〈ドーナツ理論〉」の第二接面の THEY 世界へと誘っていました。そこには、どのような学びがあるのでしょうか。次に、子どもが教師やモノとの YOU 的かかわりを通して、教室の外（THEY 世界の文化的実践）へ向かっていく学びを考えます。

▷▶ 教室の外へ向かっていく学びを【実践3】教室表示プロジェクトから考える

入学当初、１年生では、「学校探検」はどの学校でも取り上げられる学習内容でしょう。山田先生の場合は、まず「子ども達にどのようにしたいか」を聴き、「学校探検」をします。そこから子ども達が「教室がわからない」から教室表示があればいいという「やってみたくなる」プロセスを大切にし、そこで初めて、山田先生から「教室表示をみんなでつくってみない」という提案があります。その子ども達の反応を見たあとに、「じゃあ、教室表示をつくろうか。どんな教室があった？」と尋ね、黒板に子どもの発言を「しつ」が縦に並ぶように書いていきます。そこで子ども達がどの教室にも「し」と「つ」がつくことに気づき、この２つのひらがなから「書きたい」「やってみたい！」となっていきました。

このように、教師が大まかなプランはもちながらも、子どもの気持ちに寄り添いながら、問いかけ、提案し、そこから始まったのが教室表示プロジェクトでした。その後、Cさんが「『り』と『か』をやったら、『りかしつ』ができる」と発見し、教室表示プロジェクトはぐっと進みました。そこでは、子ども達の発見がもっと「やりたい！」になっていったのです。学校探検を通して、「し」「つ」というひらがなを知りたい必要性から、子ども達の「やりたい！」を中心に学びがデザインされていました。

さらに、驚くべきことは、夏休み明けの宿題でEさんが保護者と一緒に考えた教室表示を提案したことでした。そこから一気に教室表示プロ

第2章

1年5組の山田実践から架け橋期に
おける「学びの連続性」を考える

ジェクトは加速し、木を切り、木の数を数え、文字を書き、出来上がり
ました。そのときに、山田先生の「飾っていいかどうか、誰に聞いたら
いいかな」の問いかけで、学校社会にはきまりがあることを知り、校長
先生に尋ね、許可を得てから、図書室・保健室の先生にも表示を掛けて
もいいかを尋ね、掲示しました。さらに全校にも伝えるために、「どう
したらいいかな」と問いかけ、「ちらし」「ポスター」「放送」「動画」と
いうアイディアが子ども達から出てきました。教室内での学びが、教師
の想定を超えて、いよいよ学校全体に広がるときでした。

　それぞれが真剣に調べ、失敗を繰り返し、何度もチャレンジして取り
組みました。子ども達は「知りたいから学ぶ」「必要だから学ぶ」姿に
満ち溢れていました。そして何と言っても「放送」を担当した子ども達
をわがことのように喜び迎える子ども達の姿は、学級全体で互いのよさ
を二人称的に感情込みでたたえる感動的な場面でした。このときの子ど
も達の姿を山田先生は本当に素晴らしいと感動し、心に刻み、私がこの
活動の後に訪問したときにも、熱く語ってくださいました。

　この一連のプロジェクトは、山田先生が活動の中心を「生活上の文脈
に学習活動を入れていく」ことから丁寧に学びがデザインされ、「子ど
も達の行ってみたい」×「教師の投げかけ」×「子ども達の気づき」×「家
庭からの情報」×「教師の今までにない楽しいことが起こる予感」×「現
実と向き合う」×「学級を超えた挑戦」という大きなうねりの中で子ど
も達の「やりたい！」が深まり継続していきました。そして、その学び
の意味がわかり、評価されるのは、新1年生が入ってきたときなのかも
しれません。時間はかかろうともYOU的他者としてのモノ・ヒトとの
関係をつくり、THEY世界への文化的実践に開かれたやってよかった学
びこそが、次の学びの原動力となることは間違いないでしょう。

215

▷▶ 学びが生まれ、生かされる場

　山田実践を読まれた方は、「教室表示プロジェクト」などの実践は素晴らしいけれど、果たして子どもは1年生で学ぶべきことをきちんと学んでいるのだろうかという疑問をもつのではないでしょうか。この点に関して、山田先生は授業で子どもが学んだことを学習指導要領の内容に変換して考えています。しかし、私は学習内容を漏れなくきちんと「教えた」ことに安心するよりも、山田学級で学習指導要領の文言に置き換えられない学びが起きていたことに注目したいと思います。そのことを【実践6】虫の博物館（P.105参照）を通して、考えていきます。

▷▶ 子どものやりたいことが生かされる学び
【むしがほしいひとワ　1ねん5くみにきてね】

　私は6月中旬以降訪問するたびに、廊下に昆虫を入れたケースがどんどん増え、休み時間になると数人で昆虫のケースを囲み、カナヘビを手に載せたり餌を入れたりして世話をする姿に出会いました。ある日、Oさんは「お風呂に入っているの」と小さいプラスチック容器に石鹸を溶かしたように見える白く濁った水を溜め、カナヘビを入れていました（私が「えっ大丈夫？」と言ったからかどうかはわかりませんが、その後、透明な水の「プール」になっていました）。

　このように子ども達が二人称的にかかわる「モノ」と出会い、どのように課題（夏休みになって、家にはすでにたくさん昆虫がいるので自宅に持って帰れない昆虫たちをどうするのか）を解決する「コト」を起こしたらいいのかを考えるときに、最も簡単な解決策として昆虫を自然に戻すやり方（もちろん、昆虫にとって自然に戻すのは悪いことではありませんが）を教師も促し、子ども達も仕方のないこととして受け入れることが多いのではないでしょうか。しかしながら、Oさんは昆虫になってみて、よりよい飼い主を探すという解決

策を自分で考え、山田先生のアドヴァイスを生かしながら、やり遂げ、虫（？）にも３年生にも感謝されました。Ｏさんが「むしがほしいひとワ１ねん５くみにきてね」の自作のチラシを配って大成功した悦びの表情（P.111 参照）は、これこそＯさんが「やってよかった」と手応えを感じた瞬間ではないでしょうか。４月から「やりたい！」をその都度叶えてきたから、このようなことが「できるようになっていた」のです。次に、Ｏさんが「できるようになっていた」ことが生まれた背景について考えていきます。

▷▶ 学びが生まれる場を教職員で創る

　私は山田先生の実践をＯさんの事例を含めて 2022 年 8 月 26 日の校内研で報告しました。報告後の雑談の中で、当時の國分一哉校長先生が（メモをしたわけではないので正確ではありませんが）次のように語られていたことが印象に残っています。

　「このあと（Ｏさんが昆虫を配ったあと）、何人かの子ども達が『校長先生こんなことして、いいんですか』と聞きに来た。また、先生方も『こんなことして、いいんですか』と聞きに来た。私は『いいんじゃないの』と答えたんだよ。そういうことから、子どもも先生も考えたらいいと思って」と語られました。

　私は國分元校長先生が、YOU 的他者となって子どもも教師も本当に自分がやりたいことは何なのかを問い、それぞれの価値観を揺さぶりながら、香川小学校を創っていこうとする信念を感じました。Ｏさんの THEY 世界へのかかわりを通して、子ども、教師それぞれが「べきである」に絡み取られている自己（Ｉ）から、本当のことを問う（Ｉ）を取り戻し、新たな THEY 世界を子どもと教師が共に創っていこうとされたのではないでしょうか。

　余談になりますが、【実践8】腐葉土プロジェクト（P.122 参照）で、

217

2023年3月23日に「腐葉土を売ってお金をもらいたい」と言ったのも〇さんでした。山田先生も全くの想定外のようでしたが、「そうだよね」と受け入れて、年度が変わり担任が変わった現在（2024年春）も学年の枠を超えて「腐葉土プロジェクト」の実践が続いています。私も〇さんの「お金」発言には、学校という聖域（？）で収めていこうとする私自身の学校での学びの概念を砕かれた思いがしました。〇さんの発言から拡がっていく腐葉土プロジェクトを通して、実践に参加するとは経済のことも含めたまさに真正の文化的実践に参加することなのだと気づかされました。このように、絶えず（I）を問い、YOU的他者とともにTHEY世界を揺らがせながら新たな関係を創り続ける関係があるからこそ、〇さんがTHEY世界に参加していく学びが生まれたといえるでしょう。

▷▶ **リフレクションする教師**

　今まで山田先生の実践の中で教師が子どもの声を丁寧に聴くこと、そして丁寧に応答することを述べてきました。それは教師が自分の実践を振り返り、変えることにつながります。

　例えば、【実践3】の「完成した教室表示はどうするの？」（P.75参照）では、チラシを配った子ども達が「読んでください」とだけ言って伝えたことに対して、山田先生は「もっと活動の意味を話してほしい」と思っていたのですが、即座に「そうだよね。チラシだからね」とその意味を理解し、教師の対応を変えていました。私はその場に居合わせていたのでとても驚きました。きっと私でしたら、「でも、それでわかったの？」と確かめたでしょう。しかし、山田先生は、子どもにとっての意味を瞬時に感じ、自分の「思い込み」に気づき、子どもが今いる世界をもとに教師が対応する方向を変えていました。また、水族館に行ったら、絵を描くという今までのやり方に「違和感」を感じ、多様な表現があっても

第2章

1年5組の山田実践から架け橋期における「学びの連続性」を考える

いいのではないかと子どもに投げかけ実践を変えています（P.86参照）。絶えずよりよいものを探り続ける姿勢が山田実践の源流にあります。

　このように教師が実践を振り返ることには、どのような意味があるのでしょう。佐伯（2019）[16] は、教師が一人ひとりの子どもが「人間として生きたい」という原点を見ないで、「教えよう」「学ばせよう」という「教え主義」から脱するには、自らの実践を省察（リフレクション）する必要があるとして、ショーン（Schon.D,A）のリフレクション論を次のように説明します。

　　ショーンは実践者が実践を通して、実践に即して、実践中の行為についていろいろな吟味をし、暫定的でも何らかの意味づけをしたり、考え直したり、軌道修正したりするという知的な営みを、「行為のなかでの省察（リフレクション・イン・アクション：refrection-in-action)」としました。（中略）ショーンは、熟達者は、自分のやりかたが「正しい」ことを証拠づける事例にばかりに注目し、自分自身の行為システムを自ら「強化」する傾向があると指摘しています。

　　ではどうすればよいのでしょうか。それは、はっきり意識して「行為のなかのリフレクション」に戻り、丁寧に一つひとつの行為をリフレクションするとともに、それらのリフレクションをつなげたり関連づけたりして、「行為」の範囲や関連づけの文脈を変えてみることを勧めています。

　このようなことは山田実践のいたるところに溢れていたことは、読者の皆さんはもうおわかりでしょう。さらに佐伯（2019）[17] はショーンの

16　前掲書pp.166-171.
17　前掲書pp.171-172.

リフレクション論の「キモ」として、「ショーンが「イン」としていることは、実践現場の世界に「入り込んで」、あるいはかかわっている対象の世界に「入り込んで」、いわば「我が身をカラにして」周辺世界をよく見てよく感じて徹底的に「呼びかけ」に応じる、ということです。

　そのように実践世界の実践対象の一つひとつに「入り込む」と、かつての自分（入り込む前の自分）とはものの見方が変わる、見え方が変わる、感じ方が変わるのです。」と述べています。

　山田先生は、私とのちょっとした会話の中でも、「あのときにあの子がこうしたのはどういうことだったのだろう」と自分の実践を振り返り、子どもにとってという視点を大切にして授業を変えていこうとします。そして「Google Classroom」で、丁寧に捉えた日々の子どもの姿を意味づけ、教師の願いを込めて発信することは、保護者も共に子どものよさを発見し、喜び合う姿がありました。そのようにさまざまな声を聴き、リフレクションし、日々自分を柔軟に変えていくことが、新たな実践を生み出すキモなのでしょう。

5　山田実践へつながる幼児教育の学び

　今まで山田実践の学びについて考えてきました。では、そのような小学校の学びに接続する幼児期の学びには、どのような実践があるのでしょうか。現在、幼児の興味・関心をもとにさまざまな実践に取り組んでいる園があります。ここでは、鎌倉女子大学幼稚部の作品展（みどり祭）の様子を紹介します。鎌倉女子大学幼稚部で毎年行われている作品展は、その年の子ども達の興味・関心をもとに、遠足に出かけたり調べたりしながら、子どもの多様な表現を大切にしています。

第2章
1年5組の山田実践から架け橋期における「学びの連続性」を考える

▶▶ 子どもが興味・関心をもった世界から文化的実践への参加へ
【事例2　虫がいる森（アマゾン）　年長5歳児　鎌倉女子大学幼稚部】

（「なかよし№10　みどり祭直前号　令和4年11月10日」より一部抜粋）

　虫好きの子が集まり、協力しあって、虫好きのための世界を作り上げました！　活動のなかで一番初めに子どもたちがしたことは会議でした。円になり「なんの虫つくろうか？」「カマキリ！」「木が必要じゃない？」など白熱した会議となりました。そこで保育者がカードに作りたい虫を一つずつ書き出し、「虫を仲間分けしてみよう」と声をかけると、5つのグループができました。それが【水生昆虫・空の虫・木にとまる虫・草むらの虫・土の中の虫】です。それから子どもたちは、「今日は草むらの虫を作ろう！」など、話し合いの中でその日の活動の予定を立てて、見通しをもって製作を進めていきました。話し合いの中で「クモの巣を作りたい！」という提案があった時は、詳しい子が「クモの巣は縦糸と横糸があるんだよ！」と言うと、早速みんなで図鑑を引っ張り出し、クモの巣の張り方を調べていました。図鑑で調べながら本物のようにクモの巣を張る姿を見て、これこそが教えられるのではなく、本物の「自ら学ぶ」姿なのだと感動を覚えました。

　この実践で、子どもたちの興味・関心をもとに、虫好きの子どもたちが集まり、自分たちで会議を開き、予定を立て、見通しをもって製作を進めているのは、まさに子どもが自分のやりたいこと、知りたいことがもとにあるからでしょう。そして「クモの巣」をつくるときに、子どもたちはクモになってみて、クモの世界に入り込み、クモの巧みな技（タテ糸はねばねばしないが、ヨコ糸はねばねばするのでクモはタテ糸を利用して移動し巣をつくる）を再現し、クモの巣づくりにおける実に理にかなった美しい文化的実践を味わい鑑賞していました。そこには、クモの文化的実践

への畏敬の念がありました。

　このように、子どもが興味・関心をもった世界に入り込み、なってみて探究し、文化的実践を新たな視点で味わい鑑賞していく姿は、幼児期から小学校につながる真の学びの姿そのものではないでしょうか。

6　「0~18歳の学びの連続性」から生涯にわたっての学びへ

　本章では、架け橋期における幼保小の真の円滑な接続のためにどのような学びが接続するといいのかについて、佐伯の「学びの〈ドーナツ理論〉」をもとに1年5組の山田実践を通して考えてきました。そこでの学びは、個人の中にあるのではなく、私（Ｉ）がモノ・ヒト・コトなどのYOU的他者に誘われて、THEY世界の文化的実践へ参加する学びが接続することでした。では、そのような学びが生まれる相互の関係を創る「学びの場」はどのように生まれるのでしょう。

　佐伯（2019）[18] は「「学びの場」を生み出す教師は、教師自身、心底から「よく生きたい」という一人称としての自覚と願いを、実践に入り込んでのリフレクション（振り返り）を通して目覚め、同じように「よく生きたい」子ども（たち）と「共に学んでいこう」という決意と実行に踏み込むのです。」と説明します。

　まさに山田先生は「学びの場」を生み出す「専門職としての教師」として、「よく生きたい」子ども（たち）と「共に学んでいこう」とすることを、思考錯誤し、かつそれをたのしみ、時には厳しい現実に向かいながら日々の実践を積み重ねていました。それは、教師も子ども達とともに学び続ける存在だということでしょう。

18　前掲書p.179.

第2章
1年5組の山田実践から架け橋期における「学びの連続性」を考える

　本章で、架け橋期の「幼保小の円滑な接続」を通して考えてきた真の学びが、「0歳〜18歳の学びの連続性」ばかりでなく生涯を通して一貫した「学びの連続性」となるために、私たち大人はどのようにかかわったらいいのでしょうか。それは、0歳児からの子どもが生きる世界を大人が共に生き生きと味わい、大人も本来の「学び」を取り戻し「学びの場」を生み出し続けることでしょう。そのことを考えるきっかけとして、架け橋期の意義があるのではないでしょうか。

第3章

「子どもを人間としてみる」教育へ向けて

佐伯　胖

　山田実践が与えるインパクトを私なりに要約して言えば、それは「子どもを人間としてみる」教育の可能性を開いたということです。

　それは、これまでの多くの学校教育（幼児教育も含めて）では、「子どもを人間としてみてこなかった」ということでもあります。

　これまでの学校教育の多くが「人間としてみない教育」だったというのは、どういうことでしょうか。それは、次のようなことです。

①子どもを「教える対象」としてみてきたということ。
②子どもが「自ら育とうとしている」ことを無視してきたこと。
③子どもを一人の「社会人」（社会に開かれた人）としてみてこなかったこと。

　以下で、これらについて説明していきたいと思います。

1　子どもを「教える対象」としてみてきたこと

　「教育」というのは、「教えること」でしょう。子どもを「教育する」といえば、子どもを「教える対象としてみる」というのは当然でしょう。それを、「教える対象としてみない」といえば、それは「教育」を放棄すること、「教育しないこと」になるのではないか……こう考えるのは、あまりにも当たり前のことのように思われるかもしれません。

　しかし、こう考えるのは、実はとんでもない勘違いなのです。

　慶應義塾大学名誉教授の村井実氏は、『日本教育の根本的変革』とい

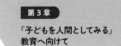
第3章
「子どもを人間としてみる」教育へ向けて

う著書[1]で、日本の教育は、そのはじまりの段階から人々を「教化する」（教えて変える）ことが教育であり、学校はそのための施設であるとされてきたと述べています。学校教育は、明治維新からわずか5年（明治5年）に明治政府が日本全国に頒布した「学制」に始まるのですが、それは明治2年に大久保利通が明治政府に公式に提出した「政府の体裁に関する建言書」に基づいて制定されたものなのです。その「建言書」で、大久保は次のように述べています。

　「……マズ無識文盲ノ民ヲ導クヲモッテ急務トスレバ、従前ノ俗ヲ失ワズ、教化ノ道ヲ開キ学校ノ制ヲ敷クベシ」

つまり、国民は「無識文盲ノ民」（まさに、「人間」以下）とされ、それを「教化する」（教えて変える）ために「学校」制度を設立すべきだと提言しているのです。それによって日本全国に小学校・中学校、さらに大学が設置されました。まさに、「学校教育」が始まったのです。教育（大久保のいう「教化」）は、「無識文盲の民」（「半人前」にも満たない未熟者）を真っ当な（一人前の）人間に変えることが政府の急務だという大久保の提言に即して制定されたのです。

ここで、村井氏が訝（いぶか）っていることは、大久保の建言書では「教化」ということばが使われていたものが、学制公布の段階では「教化」ということばは一切使われず、すべて欧米の学校制度で広く使われていた「教育（education）」ということばにすり替えられているということです。明治政府はそのことについて何の説明も弁明もなく、当たり前のように、ひたすら「教化」という言葉の代わりに「教育」ということばを当てているのです。

村井氏によると、「教育」というのは、ペスタロッチの思想からも明

1　村井実『日本教育の根本的変革』川島書店、2013年

らかなように、子どもを「人間としての尊厳ある存在」とみなして、それぞれ独自に「よく生きようとしている」ことを最大限に大切に保って、親が我が子を「育む」ように育てることだというのです。それがいつのまにか、大久保のいう「教化」の意味と差し替えられたまま、今日に至っていることはまさに不可解なことで、「根本的変革」をしなければならないと説いています。

2　子どもは「自ら育とうとしている」とはどういうことか

　村井氏は、すべての子どもの「自ら育とうとしている」ということは、それぞれが「よくなろうとしている」と解釈しています。つまり、「育とうとする」＝「よくなろうとする」としているのです。このことについては、別段、異論を挟む余地はないでしょう。ただ、村井氏は、「よくなろうとしている」という場合、どういうことが「よくなる」ことなのかは、本人も、また、それを「育てようとする」親、大人、教師の誰にとっても、それは「わからない」のだと断言するのです。つまり、「よくなろうとする」というのは、言い換えれば、「よさ」を求めているということですが、その「よさ」がどういうことなのかは、「わからない」のです。

　そんなことはないだろうと反論されるかもしれません。「よい天気」といえば、雲一つない晴れ渡った天気が想像されますし、「よい料理」といえば、料理人が新鮮な食材からみごとな包丁さばきでつくりあげた「美味しい料理」でしょう。でも、雲一つない天気がつづき、農作物が育たなくて困っている農家にとっては、「雲一つない空」は「悪い天気」でしょう。ダイエット中の人にとっては、「美味しい料理」とされる料理はまさに「見るのもイヤ」な料理でしょう。

第3章
「子どもを人間としてみる」
教育へ向けて

　かつて、G.E. ムーアという倫理学者が『倫理学原理（*Principia Ethica*）』
という著書[2]で、ものごとの「よさ」（「のぞましさ」）ということは、「（多
くの人々が）のぞんでいる」とか、「卓越した特性をもっている」という
ような、なんらかの「……である」という自然的属性から導かれるもの
ではないことを論理的に証明しているのです。「よさ」を自然的属性に
帰する考え方は「自然主義的誤謬（Naturalistic Fallacy）」であり、はっき
り「考え違い」なのだとしました。

▷▶村井氏の「訴え」論

　教育哲学者の村井氏は、当然このことは「百も承知」のことです。そ
れにもかかわらず、人は（子どもも、親も、教師も、政治家も）みな「よく
なろうとしている」と断言するのです。村井氏は、何が本当に「よい」
のかはわからないが、人は「自らが望んでいること」とは別に、自分と
かかわる周辺の人たちに向けて、「こうあってほしい」という「訴え」
がある、というのです。

　村井氏はそのことを、「ロビンソン・クルーソーの物語」をもとに説
明しています[3]。ロビンソンが無人島にたどりついて暮らしていると
きは、「何かを自ら望んでいること（What is desired）」はそのまま「望まし
いこと（What is desirable）」ですが、フライデーがあらわれ、フライデー
とともに暮らすようになってからは、「自分が望んでいること」は「互
いにとって望ましいことか」はわからないのです。そこで、ロビンソン
は「こういうことは、互いにとって"よい"のではないか」と提案し、
フライデーもまた同様の提案を出したうえで、互いに相互交渉を経て、
「こういうことが互いにとって"よい"ことだ」ということになる。そ

2　*Moore, G. Principia Ethica*. Cambridge University Press, 1922.
3　村井実『道徳は教えられるか』国土新書20、1967年

227

れが「互いの訴えを聴き合う」ということで、ムーアの自然主義的誤謬を免れた「よさ」の実現となる、という次第です。

「訴え」は、他者と「共に生きる」ための「呼びかけ」です。他者がその訴え（呼びかけ）に応じてくれるかはわかりません。当然、他者（対話の相手）もまた、それなりの「訴え」があるはずです。そのように、周辺でかかわる人が、互いに「訴え」を出し合い、それを互いに「相互調整」することによって、「当面、私たちにとって、それが"よい"ことなのだ」とするのです。従って「訴え」というのは、あくまで「提案」なのです。「こういうことで、互いが"よくなる"のではないか」と提案しているのです。互いに「提案」を出し合ったうえで、互いにとって「よい」ことはどういうことなのかが、対話による相互交渉で「決まる」（当面は、こういうことが"のぞましいこと"だとしておく）のです。このような「訴え」論では、明らかに、ムーアのいう自然主義的誤謬（Naturalistic Fallacy）はみごとに回避されている次第です。

まとめると、村井氏が「人はそれぞれよく生きようとしている」というのは、「人はそれぞれ、他者と共に"よくなろう"と訴え、それを相互の交渉で実現しようとしている」というわけです。

ここで注目していただきたいことは、「他者」の存在です。自分一人だけで「よさ」は決められないのです。「他者がどういう訴えをしているか」を、「他者に"なって"」聴き取ろうとしていることです。

そうなると、「訴え」というのは、「他者の訴えに聴き入ること」が前提となっており、それを受け入れたうえで、相互にとって「よかれ」と思われることをめざそうという次第ですから、これはまさに、前章で紹介されている佐伯の「ドーナツ論」であり、「二人称的かかわり」そのものなのです。

第3章
「子どもを人間としてみる」
教育へ向けて

3　子どもを一人の「社会人」（社会に開かれた人）としてみるということ

　私たちは、子どもを一人の「社会人」（社会に開かれた人）としてはみてこなかった。子どもは、小学校、中学校の義務教育を経て、18歳でやっと「成人」となって社会人になる、というのが日本社会の「常識」となっています。つまり、18歳未満であれば、「社会人（社会を構成するメンバー）」とは見なされない、ということです。

　しかし、この考え方は根本的に間違っており、子ども（赤ちゃんを含む）に対して大変失礼なことだったと、私自身が深く反省するに至ったことについてお話しします。

▷▶ ナジとモナルの実験

　それは、私が V. レディの著書、*How Infants Know Minds* を翻訳[4]しているとき、同書が「ナジとモナルの実験[5]」を紹介しているところを読んだときのことです。この実験について説明するためには、広く「新生児模倣」として知られていることから話さなければなりません。

　「新生児模倣」というのは、生まれてすぐの（数時間後）の新生児に対して、かかわる大人（普通は「抱っこしている親」ですが、赤ちゃんと間近で対面している人）が赤ちゃんの顔をみつめて「舌を出す」のです。この実験は私も自分の娘が近くの病院で出産したとき、やってみましたので、以下は私自身の実体験です。赤ちゃんと対面している大人（私自身）がそうすると、こちらの顔をまじまじとみていた赤ちゃんは、口をモゴモゴさせたあと、自分の舌をヌッと突き出すのです。つまり、こちらの「舌

4　Reddy, V. *How Infants Know Minds.* Harvard University Press, 2008.（邦訳：V. レディ著佐伯胖訳『驚くべき乳幼児の心の世界—「二人称的アプローチ」から見えてくること—』ミネルヴァ書房、2015年）

5　Naggy, E., & Molnar, P.（2004）. Homo imitans or homo provocans? The phenomenon of neonatal imitation. *Infant Behaviour and Development, 27,* pp.57-63.

出し」を模倣しているのです。これは本当に驚きです。どうしてそんなことができるのかは、まったく説明できないことだからです。なぜなら、赤ちゃんは自分の顔を見たことがないので、対面する人の「顔」と同じ「顔」が自分にもあることを知っているはずはないでしょう。まして、その顔にある「舌」が、自分にもあるとわかる筈がありません。さらに、その「舌」が口から「突き出される」ことを、この自分もその舌を口から外に向けて「突き出す」ことができるということをどうして知っているのでしょう。どうしてそんなことを「やってみせる」のでしょう。

　この「新生児模倣」というのは、非常によく知られていますが、どうしてそんな「模倣」が新生児にできるのかについては、まったく謎のままです。

　私がこれから紹介する「ナジとモナルの実験」というのは、赤ちゃんがどうして「新生児模倣」という行為が可能かということについては謎のままで、むしろ、その「模倣」が、赤ちゃんにとって「どういう意味があるのか」を探究する実験なのです。

　ナジとモナルの実験では、①まず赤ちゃんと対面しているオトナ（模倣対象なので「モデル」と呼ぶ）が舌を出すと赤ちゃんも舌を出すということを数回行います。②そのあと、モデルは舌出しをしないで赤ちゃんをただニコニコ見つめるのです。③赤ちゃんはしばらくじっとモデルの顔を見つめていますが、しばらくするとおもむろに自分から舌出しをし始めるのです。実験はただそれだけのことなのですが、ナジとモナルの実験で大切なことは、実は、この実験のあいだ、赤ちゃんの心拍数の記録を取っていることです。赤ちゃんが「舌を出す」という動作を開始すると心拍数はあがってきます。ところが②と③のとき、赤ちゃんの心拍数が定常より下がってくるのです。これは相手の出方に注目して、相手の行動が発揮されるのを「待機」していることを意味します。

230

第3章
「子どもを人間としてみる」
教育へ向けて

　ちなみに、私がこの話をある学会での講演で話したところ、聴衆の中
に動物行動学の専門の人がいて、肉食動物が獲物を見つけ、影をひそめ
て対象の行動を注視しているときには心拍数が下がることは「サイレン
ト・アタック」行動として広く知られていることだと説明してくれました。

　つまり、こういうことです。生後数時間の新生児は、目の前の人が「舌
を出す」動作を見たとき、それは自分に対する「呼びかけ」あるいは「あ
いさつ」であって、それには「応える」ことが求められているのだと受
けとめ、それへの「応答（おかえし）」として「舌だし」をした。相手は
そういうこちらの「舌だし」に対して「応答（おかえし）」をしてくれる
ものだと期待し、いつ応答してくれるかをじっと「待機」していた（そ
の間、心拍数が平常より下がる）、という次第だったのです。生まれてはじ
めて「世の中」に誕生して数時間というのに、赤ちゃんは私たちと「あ
なたとわたしの関係」（まさに「社会的関係」）を求めていたのです。対面
する私たちを「人間としてみて」いたのです。

▷▶最近接発達領域論

　赤ちゃんは（というより、すべての人間は）、生まれてすぐから、周辺の
社会（人たちの営み）に「仲間入り」しようとしていることを、人間の「発
達」の原点であるとした発達論があるのです。それは、ヴィゴツキーの
「最近接発達領域（Zone of Proximal Development：略して ZPD）論」です。

　ここでまず「最近接発達領域」について説明しておきます。ここで「最
近接発」の「最」の字は無視してください（日本はやたらと「最」をつけた
がる……「個別最適な……」とか）。「近接（Proximal）」というのは、「手が届
く範囲にある」という意味で、ともすると「一歩先んじた『能力』が獲
得できる」と解釈されがちな―多くの人が ZPD を「大人の適切な介入
で学習を促進させる理論（早期教育バンザイ論）」と見なしてきた―ことは

231

間違いだとチャイクリンは指摘しています[6]。

　つまりチャイクリンによると、ZPDはあくまで「人間発達」の理論なのです。つまり、全人格（人間まるごと）として、「一歩先の人間」になれる領域が「（最）近接にある発達の領域（Zone of Proximal Development）」だというわけです。すべての人（生まれたての赤ちゃんを含めて）は、この世の中（社会）で、「よく生きている人たち」の仲間入りをしたい、として、当面、できそうなことに手を出す（新生児模倣では「舌を出す」）のです。当然これは赤ちゃんにとっては、相手（対面する大人）への「提案」ですから、その相手の「応答」をじっと待っており、それが心拍数の低下をもたらしていた、というのが「ナジとモナルの実験」でした。

▷▶ 「思い」と「願い」を聴きわける

　教育（「保育」も含めて）の現場で、「教え手」（教師、保育者とも）は子どもの「訴え」を、どのようにして聴きいることができるのでしょうか。

　子ども（というか、すべての人）は、いつも何かを求めている。「〇〇したい」とか「△△がほしい」とか、「××はいやだ」という場合、それは本人だけの欲求（What is desired）なのか、それとも互いにとって（あるいは周辺の人たち／「世の中」を含めて）「望ましいこと（What is desirable）」に向けての「訴え」なのかは、常に誰もが判別できるとは限らない。教室で勝手に立ち回っていたり、授業と関係のないことをやっていたり、ひどいときは暴力をふるっていたりしているとき、それは明らかに本人の欲求（What is desired）の表明だとしか見えないことがあるでしょう。しかし、そのような「逸脱」した行為を繰り返している子どもの「背後」（友人関係、

6　Chaiklin, S. 2003. The zone of proximal development in Vygotsky's analysis of learning and instruction. In A. Kozulin, et al.(Eds.) Vygotsky's Educational Theory in Cultural Context. Cambridge U niversity Press.

第3章
「子どもを人間としてみる」
教育へ向けて

家庭環境など）を丁寧に見ていくと、そういう「反抗的な行為」の背後（あるいは当人の心の奥底）に、「この私だって人間なのだ」という訴えがあるかもしれません。「人間としてかかわって欲しい」のだけれど、どう訴えてよいかわからず、当面「反抗的」になって、注目してもらいたいのかも知れないのです。

どういう訴えはどのような行動（あるいは言葉）であらわしていいかわからず、ともかく自分の存在をアピールしたり、みんなが当たり前にしていることに、あえて「逸脱」して、ものごとを「変えること」の原因になれることを示そうとしているのかもしれません。

心の奥底にある「訴え」は、本人自身もわかっているとは限りません。何か「しないではいられない」思いだけで振る舞っているのかもしれないのです。

そういうとき、誰か本当に自分のことを大切にしてくれる他者（二人称的にかかわってくれる YOU 的他者）と出会うことによって、「本当の自分」を取り戻し、自分の心の奥底にある「よく生きたい」という訴えに目覚めることもあるでしょう。

私はここで、人が「やりたい」とか「欲しい」として表明していることを、そっくりそのまま「そういうこと」として感知することを、（他者の）「思い」の読み取りと名付けることにします。これは、単純に「行為の意図」を知ることです。「あなたはそうしたいのね」、「あなたはそれがほしいのね」というわかり方です。

教育にかかわる人（教師、保育者）は、子どものそういう「思い」が読み取れたら、それがはっきりした「逸脱」でなければ、その思いを「実現させてあげたい」としてそれを援助してあげるかもしれません。

しかし、すこし立ち止まって、そういう「思い」の背後（あるいは当人の心の奥底）にあるのかも知れない「訴え」を読み取ろうとしてみると、「も

233

しかしたら、○○のことを訴えているのかもしれない」ということに思い当たるかも知れません。このことは、先に当人の「思い」の背後にある「願い」を感じ取ることだとします。

　当人の本当の「願い」というのは、非常に「見えにくい」ものです。当人と親身に（二人称的に）かかわってはじめて、「なるほど、それを訴えていたのか」と、当人の「よく生きようとしている」訴えが見えてくるかもしれません。

　私たち「教える人（教育的立場にいる人）」は、子どもに向かうときは「思いを読み取り、願いを感知する」ことを心懸けていくことが大切なのではないでしょうか。

▷▶「願い」は「全人格（人間まるごと）」の訴え

　ここで、あらためて確認しておきたいことがあります。他者の「思い」の読み取りは相手の行為が「向かっていること」の察知なので、他者を傍観者的に（三人称的に）見ていても普通は「わかる」でしょう。

　ところが、「願い」というのは、「人間としてよく生きたい」ということの訴えなので、「○○ができる」というような特定の「行為」ではないのです。それはさまざまな場面で見せる表情や、まなざし、ふとしたふるまいなどから、「どのように生きたいのか」、「どのようでありたいのか」を感じ取ることから、「子ども（まるごと）が見えてくる」ことです。

▷▶「評価」が変わる

　子どもの活動を「評価」するとき、「○○ができる」ことに注目して評価することは、比較的容易でしょう。教師側が子どもに“やりたい”と思ってほしいこと」について、子どもがそのとおり“やりたい”と思って「やってくれた」結果、その子はそれが“やれたか”をチェックすれ

第3章
「子どもを人間としてみる」
教育へ向けて

ばいいのです。いわゆる「通知表」というのは、子どもの「思い」が教師側の「思い」通りになっていたかをチェックするわけで、テストなどではっきりわかることです。

ところが、子どもの「願い」を感じ取って、一人一人の子どもの「人間としてのありよう」がどうであったか、ということになると、それは子どもの「生きざま」を評価することになります。

そういう「評価」は、もはや「通知表」では表し切れません。それは、一人一人の子どもの教室での多様なエピソードをとりあげ、その子のよく生きようとしている「生き様（ざま）」の素敵さ、すばらしさを味わう（appreciate する）ということが評価ということになるのです。

以上が、「子どもを人間としてみる」教育であり、本書の第1章での山田学級の実践は、まさにそのような「子どもを人間としてみる教育」の実践だったことが、おわかりになったことだと思います。

このように「子どもを人間としてみる」教育こそが、今、本当に広く求められていることだということを強く訴える次第です。

235

あとがき

　私が香川小学校に異動してから2年目となる2019年、通知表の評価の在り方を議論するのと時を同じくして、私は校内研究で哲学対話の授業を行いました。この頃の私は、自分の実践を正当化すべく、自分を守るかのようにダレカの理論と方法を自分のものかのように取り入れて授業に臨んでいました。そのときの授業は、「私たちは何のために生きているのだろう」を対話するものでした。

　授業後、講師の佐伯胖先生から、「子どもたちにとって、その問いを話し合う必然性はあるのですか」と問われました。しかし、私はその問いに応えることができませんでした。佐伯先生の著書や講演に感銘を受けて自身の実践のよりどころとしていたはずでしたが、実は何もわかっていなかったのだと、このとき気づかされたのです。

　また、ダレカの理論ではなく、「わたし」が自らの直感と感性を大事にして、『遊び心』をもって実践を創り出していくことの大切さに気づくことができました。この出来事以来、私は「子どもが教科の学習内容を学ぶ必然性が生まれるのは、どのような状況なのだろう」と考えるようになりました。

　この経験から、私は子どもと一緒に時間割からつくる実践をやってみることにしました。この実践は私にとっても初めての取り組みでした。大まかな構想は抱いていたものの、具体的に1年間を見通してすべてを計画してから実践したわけではありません。その都度、おもしろそうなことを考え、「こんなことしてみない?」と子どもたちに提案しながら『〜してみる』ことをたのしんでいきました。『〜してみる』中で、「このプロジェクトで、この教科のこの内容が学べるかもしれない!」と発見し

たり、子どもたちが調べたりつくったりしてきたことから活動が生み出されたりして、学習が展開されていきました。

　よりよい学校や地域（まち）をつくる営みに子どもと参加する実践は、未知で不確実な要素がたくさんありました。しかし、子どもや保護者の方々と一緒に知恵を出し合いながら活動することは、とてもたのしいものでした。このように思えたのは、きっと、子どもたちと同じように、私自身も社会に生きる一人の人間として「やってよかった」「役に立ててよかった」「学んでよかった」などの充実感に満たされていたからだと思います。

　子どもたちは、本書の文面ではお伝えできないくらい、「やりたい！」という学ぶ意欲にあふれていました。その熱気と思いに応えられるように、私も「どうしたらたのしくなっていくかな」「こんなことをしてみよう」など、さまざまな提案をして、子どもたちと実践をつくってきました。ですから、この実践は、私だけでつくったものではなく、2022年度の子どもたちとつくってきたものだといえます。小学校がたのしい学び舎となるよう、私からの提案を受け止めて元気いっぱいに応えてくれた子どもたちには、本当に感謝しています。

　そして、保護者の皆さまが、私の実践を前向きに捉えてさまざまな活動に参加してくださったからこそ、こうした子どもの姿が見られたのだと思います。また、保護者の皆さまも参加しながら一緒にたのしんでいる姿を見て、とてもうれしくなりました。子ども時代（児童期）は今しかありません。私は、今しかないこのときを存分に味わい、子どもと共にたのしい日々を過ごしていきたいと思っています。保護者の皆さまと一緒に子どもたちと過ごした1年間の思い出は、かけがえのない宝物です。ありがとうございました。

この実践をつくる中で、心の支えとなったのは、久保寺節子先生の存在です。子どもが学校にいる時間に、年間53回もご来校いただき、子どもの姿を丁寧に観察・記録していただきました。子どもが下校したあと、「～がおもしろかったですね」と、いつも笑顔で肯定的に実践を評価していただいたことが励みになりました。同時に、久保寺先生に子どもの見取りや構想を語ることで、自分の考えがクリアになり、「この方向性でいいのだ」と力強く背中を押されました。そして、幼児教育関係者や大学教授を多数ご紹介いただき、授業の参観をコーディネートしてくださったおかげで、皆さまとのつながりが新たな実践を生み出す原動力となりました。本書の作成にあたっても、最後の最後まで、私の実践に寄り添い、多くの知恵をくださったこと、感謝しています。

　私が実践をしながら感覚的で言語化できない思いを、いつも的確な言語で表現してくださったのが佐伯胖先生です。佐伯先生の核心をついたお話に、いつも頭と心がすっきりして、「それが私の伝えたかった思いと願いだったのだ！」と感動しました。私の実践のよさを認め、価値づけ・意味づけてくださったことが、ダレカではなく『わたし』の実践をつくる大きな支えとなりました。感謝してもしきれません。

　学事出版の加藤愛様は、『授業づくりネットワーク』（学事出版）の取材での授業参観をきっかけに、無名の私に本を出版する機会を与えてくださいました。何度も打ち合わせをしていただき、私の思いを丁寧に聴いて実践のおもしろさを共に味わい、それがより正しく、より的確に読者に伝わる表現を一緒に考えてくださいました。自分が本を出版するなど夢のまた夢でしたが、加藤様のおかげで、本書が無事に出版でき、夢が実現できました。本当にありがとうございました。

　本書の執筆には、2年間弱の時間を要しました。その間、土日や長期休業のほとんどの時間を費やして執筆してきました。そんな中でも、い

つも家族のみんなが「頑張ってね！」と快く笑顔で応援してくれました。愛情いっぱいの家族の支えがなければ、本書が完成することはありませんでした。いつも本当にありがとう。

　本書は、この方法を取り入れたらうまくいくという方法論を提案するものではありません。自分でも同じ方法で実践しろと言われても再現できるものではないからです。また、この実践は、未知の状況の中でどうしたらうまくいくのかを子どもや保護者と一緒になって考えて実現してきたものです。私のオリジナルの内容ではありますが、「リアルな状況の中に教科の学習内容を埋め込む」という意味では、公立学校であっても誰もが取り組むことのできるものです。そして、むしろ、全国の多くの方がこの視点で授業づくりをすることで、私とは違った方法の実践が生み出されたり、子どもの教育をきっかけにしてよりよい学校や地域（まち）がつくられたりしていく可能性が大いにあります。

　本書をきっかけにして、それぞれの学校や地域（まち）で対話が生まれ、子ども、保護者、地域の方、教師など、みんなが今を生きることをたのしんで、幸せな生活をつくっていけるような実践が生み出されていったら幸いです。

2024 年 7 月吉日

山田剛輔

■著者紹介

山田剛輔（やまだ・ごうすけ）

茅ヶ崎市立香川小学校総括教諭。2024年で教員20年目。公立小学校で、2019年に通知表を廃止して、教育評価のよりよい在り方を模索し、実践している。乳幼児期の子どもの学びと育ちに学び、幼小接続の観点からスタートカリキュラムを実践している。神奈川県「第１回いのちの授業大賞」優秀賞受賞。教育研究会「根源」主宰。「ちがさきスポーツサポーターズフェライン（一社）」理事。

久保寺節子（くぼてら・せつこ）

青山学院大学教育人間科学部教育学科特任教授。元公立幼稚園副園長。

佐伯胖（さえき・ゆたか）

公益社団法人信濃教育会教育研究所所長。東京大学名誉教授。青山学院大学名誉教授。

時間割から子どもと一緒につくることにしてみた。

2024年9月12日　初版第１刷発行

著　者——山田剛輔・久保寺節子・佐伯胖

発行者——鈴木宣昭

発行所——学事出版株式会社
〒101-0051　東京都千代田区神田神保町1-2-5
電話 03-3518-9655
https://www.gakuji.co.jp

編集担当　加藤　愛
装丁・本文デザイン　弾デザイン事務所
印刷製本　精文堂印刷株式会社

© Gousuke Yamada, Setsuko Kubotera, Yutaka Saeki, 2024 Printed in Japan
落丁・乱丁本はお取替えします。
無断転載はお断りします。

ISBN978-4-7619-3029-5　C3037